AF599467

CATARATA

**ITZIAR REGUERO SANZ**

Profesora titular en la Universidad de Valladolid (UVa) y doctora por dicha institución (2018), tiene formación universitaria en Periodismo (2007-2012) y es premio extraordinario del Máster en Investigación de la Comunicación como Agente Histórico-Social (2012-2013). Sus líneas de investigación se centran en la historia de los *mass media*, así como en el discurso de odio en redes sociales y en el fenómeno de la desinformación. Sobre esta última cuestión, coordina el Proyecto de Innovación Docente: "Meta-alfabetización contra la desinformación" (PID-ALFA).

**PABLO BERDÓN PRIETO**

Profesor ayudante doctor en la Universidad Rey Juan Carlos (URJC) y doctor por la Universidad de Valladolid (2023), tiene formación universitaria en Publicidad y Relaciones Públicas (2011-2015) y en el Máster en Investigación de la Comunicación como Agente Histórico-Social (2015-2016). Su planteamiento investigador principal se engloba dentro de los estudios sobre polarización política y desinformación. Asimismo, también ha realizado aportaciones significativas en el campo de la economía política de la comunicación con perspectiva histórica.

Itziar Reguero Sanz y Pablo Berdón Prieto

# Guía contra la desinformación

## CLAVES PARA NAVEGAR EN LA ERA DE LA POLARIZACIÓN

COLECCIÓN INVESTIGACIÓN Y DEBATE

ESTA OBRA ESTÁ FINANCIADA POR UNIÓN EUROPEA: "NEXT GENERATION EU2. PLAN DE RECUPERACIÓN, TRANSFORMACIÓN Y RESILIENCIA. MINISTERIO DE CIENCIA, INNOVACIÓN Y UNIVERSIDADES. GOBIERNO DE ESPAÑA. "POLITAINMENT ANTE LA FRAGMENTACIÓN MEDIÁTICA: DESINTERMEDIACIÓN, ENGAGEMENT Y POLARIZACIÓN" (POLDESPOL) (REFERENCIA: PID2020-114193RB-100), SUBVENCIONADOS POR EL MINISTERIO DE CIENCIA E INNOVACIÓN (MICIN) Y LA AGENCIA ESTATAL DE INVESTIGACIÓN (AEI) DE ESPAÑA.

ILUSTRACIÓN DE PORTADA: PABLO BERDÓN PRIETO


FUENCARRAL, 70
28004 MADRID
TEL. 91 532 20 77
WWW.CATARATA.ORG

GUÍA CONTRA LA DESINFORMACIÓN.
CLAVES PARA NAVEGAR EN LA ERA DE LA POLARIZACIÓN

ISBN: 978-84-1067-258-1
DEPÓSITO LEGAL: M-5.313-2025
THEMA: JBCT5

*A la memoria de Miguel Li,*
*que no se apague el recuerdo de tu entusiasmo*

# ÍNDICE

# PREÁMBULO

"Para la prensa, como para el hombre, la libertad solo ofrece una posibilidad de ser mejor". Con esta reflexión, Albert Camus nos recordaba la importancia de la información en nuestras sociedades democráticas. Sin embargo, en el vertiginoso mundo digital en el que vivimos, esta libertad se encuentra constantemente amenazada por un enemigo omnipresente: la desinformación. Este fenómeno, que va mucho más allá de simples bulos, socava la confianza pública, alimenta la polarización y pone en jaque la convivencia social.

En los últimos años hemos visto como la desinformación se ha convertido en una herramienta poderosa para moldear percepciones, influir en elecciones democráticas y generar caos en momentos de crisis. Desde teorías conspirativas hasta manipulaciones de datos, el espectro de la desinformación abarca prácticas tan diversas como peligrosas. Este problema no solo afecta a los Gobiernos y a las instituciones, sino también a cada uno de nosotros como individuos. En un ecosistema mediático cada vez más fragmentado y dominado por algoritmos, el pensamiento crítico se ha convertido en una herramienta de supervivencia.

No obstante, la desinformación no es un fenómeno nuevo, como se explica a lo largo de este volumen. Desde la difusión de bulos sobre Nerón en la antigua Roma hasta las mentiras propagadas por los medios en la guerra de Cuba, la historia está repleta de ejemplos de cómo la manipulación de la información ha sido utilizada con fines políticos, económicos y sociales. Pero lo que distingue a nuestra era es la velocidad y el alcance con los que se propaga. La revolución digital ha democratizado la comunicación, permitiendo que cualquier persona con un *smartphone* pueda convertirse en emisor de mensajes. Al mismo tiempo, esta democratización ha abierto las puertas a una avalancha de contenidos que, sin filtros adecuados, puede confundir, dividir y desorientar.

Un factor crucial en la propagación de la desinformación es la polarización. Nuestra sociedad está cada vez más dividida en "tribus" ideológicas que refuerzan sus propias creencias mientras rechazan cualquier información que contradiga sus puntos de vista. Las redes sociales han intensificado este fenómeno, creando "filtros burbuja" que nos exponen únicamente a aquello que queremos ver y escuchar. Esta fragmentación no solo mina el debate público, sino que también alimenta el discurso de odio y exacerba las tensiones sociales.

Si esta situación ya era preocupante, la aparición de la inteligencia artificial (IA) ha agregado una nueva capa de complejidad a esta situación. Herramientas como los generadores de texto, los bots y las aplicaciones de manipulación de imágenes y vídeos han hecho que sea más fácil que nunca crear y distribuir contenido manipulado. Desde *deepfakes* que alteran rostros en vídeos hasta algoritmos que crean cuentas falsas para amplificar mensajes radicales, la IA está redefiniendo cómo percibimos la realidad. Esta tecnología, si bien tiene un enorme potencial para el progreso, también plantea serias preguntas sobre la ética y la responsabilidad en el espacio informativo.

Los medios de comunicación tradicionales, antiguos gerentes del derecho a la información, también enfrentan una crisis profunda. La precariedad económica de muchas empresas periodísticas ha llevado a una disminución de los estándares éticos y a un aumento del sensacionalismo. En busca de clics y audiencia, algunos medios han sacrificado la calidad por la inmediatez, contribuyendo así al ciclo de desinformación.

En este contexto, *Guía contra la desinformación. Claves para navegar en la era de la polarización* surge como una herramienta imprescindible. Este libro es una herramienta muy útil para investigadores, docentes y profesionales de la comunicación, pero también para cualquier persona que quiera entender y protegerse frente a las amenazas que supone la desinformación. Aquí encontrarás claves prácticas para identificar bulos, comprender los mecanismos que subyacen a la desinformación y navegar de manera crítica por un ecosistema mediático complejo. Desde cómo funcionan los algoritmos en las redes sociales hasta qué herramientas de verificación están disponibles al alcance de todos, este libro ofrece un recorrido completo por las principales amenazas informativas de nuestro tiempo y las estrategias para enfrentarlas.

Además, exploramos el papel de la alfabetización mediática e informacional como una de las soluciones más efectivas para combatir esta problemática. Como ciudadanos, tenemos la responsabilidad de reconocer cómo funcionan los sesgos cognitivos, los discursos polarizantes y las estructuras que perpetúan la desinformación. De la misma manera, compartir conocimiento sobre estos desafíos puede fortalecer nuestras democracias y garantizar un acceso más equitativo a la verdad.

A lo largo de estas páginas también reflexionamos sobre el futuro de la información. En un mundo cada vez más tecnologizado, debemos preguntarnos cómo podemos equilibrar el progreso con la ética y la responsabilidad. El futuro dependerá de nuestra capacidad para legislar, educar y promover una cultura de transparencia y pensamiento crítico.

La desinformación es un problema complejo que no tiene una solución sencilla, pero eso no significa que estemos totalmente desprotegidos. Con conocimientos y estrategias adecuadas, podemos resistir su influencia y contribuir a un ecosistema informativo más saludable y equitativo. Esta obra es una invitación a ser parte de esa solución. Al concluir su lectura, esperamos que cada persona no solo se sienta más preparada para identificar y combatir la desinformación, sino que también sea más consciente del papel que todos jugamos en la defensa de la verdad.

PARTE I

# INTRODUCCIÓN A LA DESINFORMACIÓN

CAPÍTULO 1

# QUÉ ES LA DESINFORMACIÓN Y POR QUÉ ES TAN IMPORTANTE

"El periodismo constituye un órgano de la democracia a cuyo florecimiento contribuye siempre de modo notable, siendo también partícipe en la responsabilidad de su decadencia", dijo el alemán Emile Dovifat (1980) recogiendo la creencia de la teoría liberal democrática de que la libertad de prensa es el termómetro de la salud del sistema.

Que la prensa sea "órgano de la democracia" tiene que ver con que la información es el instrumento principal que permite a las personas formar juicios sobre lo que las rodea para conocer su entorno. Este conocimiento de la realidad se traduce en una mejor capacidad de elegir. Una prensa libre y crítica es, por tanto, un componente esencial de la democracia, en la medida en que garantiza la pluralidad y la libertad. Pero la prensa, según Dovifat, es también responsable de la decadencia del sistema. Este compromiso es mucho más difícil de mantener en un contexto en el que los difusores de contenido no deben tener ninguna formación ni la necesidad de obedecer a ningún tipo de ética o compromiso profesional.

Debido a esta situación, existe en la actualidad una preocupación notable por cómo la mala praxis de los medios está socavando la salud de las democracias más consolidadas. Según el comparador de tendencias de búsquedas Google Trends, el término *fake news* comenzó a generar interés a nivel mundial en el segundo trimestre del año 2017, coincidiendo con los primeros meses de mandato de Donald J. Trump. A lo largo de esos meses, se creó una sombra de sospecha generalizada sobre la veracidad de los mensajes que se reciben a través de distintas plataformas —prensa, radio, televisión y, sobre todo, internet—, que hoy en día no se ha disipado. Que actores políticos tan relevantes como el 45° presidente de Estados Unidos de América señalaran cada día a los medios de comunicación por publicar informaciones poco favorables provocó que la expresión *fake news* sea hoy en día un concepto insertado en nuestro vocabulario cotidiano.

Pese a que cada día se escuche este término y que esto haya ayudado a la sociedad en general a mantener un posicionamiento crítico con la información que recibe, lo cierto es que el término *fake news* está considerado por diversos autores de prestigio, como Edson Tandoc Jr. o Luis Romero-Rodríguez, como un concepto incorrecto (Tandoc Jr., Lim y Ling, 2017; Romero-Rodríguez, Valle-Razo y Torres-Toukoumidis, 2018). En español, *fake news* significa "noticia falsa". Si se consulta la definición de noticia en el diccionario de la RAE, se observa una relación directa con el concepto "información", es decir, con la verdad. Por tanto, una noticia no puede ser falsa, ya que para que cualquier tipo de conocimiento sea catalogado como tal, entre otras cuestiones, debe ser veraz. Esto significa que *fake news* es un oxímoron, como "silencio atronador" o "apuesta segura"; una figura retórica interesante desde un punto de vista literario, pero poco riguroso para aludir a un problema tan importante para las sociedades como la desinformación. Además, la utilización de este concepto pone directamente el foco sobre los medios de comunicación como creadores y difusores de este tipo de contenido, algo que desde la expansión de la web 2.0 ya no es así. Por todo esto, es muy necesario abandonar el concepto *fake news* y comenzar a utilizar otros como "falsedades" o "bulos".

Además de este error conceptual, no se debe creer que los bulos o las *fake news* y el problema de la desinformación sean sinónimos. La desinformación es una realidad mucho más amplia, compleja y heterogénea que la mera difusión de mentiras.

Para comprender lo que engloba a la desinformación debemos partir de dos tipos de "desórdenes informativos", es decir, de situaciones comunicativas que tienen relación formal con el periodismo, pero cuya consecuencia no es la de informar, sino generar falsedad y causar daño. Forman parte de estos las informaciones creadas sin intención maliciosa, pero que incurren en errores, ya sea porque los emisores de estas no son profesionales y, por tanto, desconocen los procesos que deben seguirse para publicar una noticia o, directamente, por malas prácticas en el caso del periodismo profesional. En este desorden informativo también entrarían aquellos contenidos que nacen como satíricos, pero que se difundieron para que se tomen como verdaderos. Autores como Wardle y Derakhshan (2017) los han catalogado como *misinformation* o información errónea.

Por otro lado, cuando los emisores publican información que no es necesariamente falsa, pero que se deforma o encuadra maliciosamente con el fin principal de causar algún perjuicio, se ha denominado como *malinformation* o información manipulada. Formarían parte de este tipo de desórdenes todas las filtraciones sin verificar, la información presentada con contextos falsos, cuando se incluyen declaraciones de fuentes anónimas, declaraciones reales que no son parte de la misma realidad, campañas de acoso con información privada o aquellas piezas con enfoque de discurso de odio.

La unión de estos dos desórdenes informativos es lo que Wardle y Derakhshan denominaron como *disinformation* o desinformación. Como se puede apreciar, por tanto, este fenómeno es mucho más amplio y tiene más ramificaciones que la mera difusión de noticias falsas. De hecho, cuando una noticia es cien por cien irreal, es más difícil que sea asumida por el receptor y, por tanto, es menos efectiva para los fines que se ha creado. Esto es lo que convierte el problema de la desinformación en una cuestión que impregna nuestra vida social y cuya solución no es nada sencilla. Es un problema líquido en el que intervienen conceptos y debates aún más amplios como la posverdad, la libertad de expresión, el discurso de odio, el desarrollo tecnológico, así como la alfabetización mediática o el control de la opinión pública, cuestiones en las que se profundizará en los siguientes capítulos.

Como lleva ocurriendo desde hace siglos, los generadores últimos de la desinformación son los grandes poderes políticos y económicos: Gobiernos, empresas, partidos, servicios de inteligencia y movimientos sociales. Las organizaciones de este tipo tienen intereses claros en orientar las voluntades de los ciudadanos con fines más o menos legítimos, pero con la consecuencia inevitable de que la ciudadanía sea menos libre. Para ello, se utilizan distintas estrategias de control de los mensajes dependiendo del hábitat en el que se esté produciendo.

En el ecosistema mediático siguen utilizando las técnicas tradicionales de propaganda y relaciones públicas. Por ejemplo, los grandes capitales públicos o privados pueden participar directamente en los medios mediante grandes compras de espacios publicitarios que convierten a ese anunciante en imprescindible para su supervivencia. Del mismo modo, estas organizaciones tienen la capacidad de influir y amedrentar a los periodistas. También, los gabinetes de comunicación, cada vez con mayor poder en las estrategias generales de las grandes organizaciones, diseñan planes de medios que buscan potenciar las oportunidades y fortalezas de las organizaciones y silenciar por todos los medios sus debilidades y amenazas.

En el ecosistema digital utilizan armas mucho más poderosas y difíciles de localizar: páginas falsas con apariencia profesional, cuentas zombis en las redes sociales, fábricas de noticias virales para lograr el clic, explotación de datos para segmentar sus mensajes, fomento de teorías y comunidades conspirativas. El gran aliado de la desinformación, sobre todo en el entorno digital, es la capacidad de replicación exponencial, es decir: la viralidad (Wardle, 2019).

Aquellos agentes interesados en que este tipo de mensajes se difundan conocen a la perfección el funcionamiento de la red y, sobre todo, de la mente humana: ¿por qué compartimos ese tipo de contenido? Primero, porque atrapa nuestra atención al despertar en nosotros emociones, sobre todo de indignación o superioridad moral, porque nos presenta una imagen de nosotros con la que nos identificamos y diferenciamos. Y, segundo, porque queremos mostrarnos con esa imagen ante nuestra comunidad (Igartua, Muñiz y Otero, 2006).

En el siglo XXI, la desinformación se ha convertido en un problema crítico para las sociedades modernas, afectando a diversos aspectos de la vida cotidiana, desde la política hasta la salud pública. La era digital ha facilitado el acceso a la información a niveles sin precedentes, pero también ha abierto las puertas a la proliferación de contenido de este tipo. Este fenómeno tiene profundas implicaciones negativas para la cohesión social, la democracia y el bienestar individual y colectivo.

Uno de los principales motivos por los que la desinformación es tan perniciosa en nuestras sociedades es su capacidad para erosionar la confianza pública. En una democracia funcional, la seguridad en las instituciones, en los medios de comunicación y entre los ciudadanos es esencial. Sin embargo, la desinformación mina esta confianza al difundir noticias falsas y teorías conspirativas que polarizan a la sociedad. Cuando las personas no pueden discernir qué información es veraz, se vuelven escépticas y desconfiadas, lo que socava la cohesión social y puede llevar a la fragmentación y el conflicto.

La desinformación también es un grave peligro para la salud pública. Un ejemplo claro de esto es lo que ocurrió durante la pandemia de COVID-19 (Salaverría *et al.*, 2020). Durante la crisis sanitaria, los bulos sobre la enfermedad, su transmisión y las vacunas se difundieron rápidamente, complicando los esfuerzos de los Gobiernos para controlar el virus. La proliferación de teorías conspirativas y bulos sobre las vacunas llevó a una significativa resistencia a la vacunación en muchos sectores de la población, lo que resultó en tasas de infección más altas y una mayor mortalidad. Esto demuestra como la desinformación puede tener consecuencias directas y letales para la salud pública.

El avance de la tecnología también ha facilitado la creación y distribución de desinformación. Las redes sociales y las plataformas digitales permiten que la información se difunda a una velocidad vertiginosa y alcance a una audiencia global en cuestión de minutos. Los algoritmos de estas plataformas están diseñados para maximizar el compromiso del usuario, lo que a menudo significa priorizar contenido sensacionalista o polarizante, que tiende a incluir desinformación (Masip, Suau y Ruiz-Caballero, 2020). Esta dinámica crea un ciclo pernicioso donde las falsedades no solo se propaga rápidamente, sino que también se refuerza a través de la repetición y la exposición constante.

En conclusión, la relevancia de la desinformación en la actualidad trasciende su capacidad para erosionar la confianza de la sociedad, poner en peligro la salud pública y socavar los procesos democráticos. La rápida difusión de bulos facilitada por la tecnología moderna exacerba estos efectos, creando desafíos significativos para las sociedades contemporáneas que, a través de esta guía, pretendemos abordar, ofreciendo materiales de utilidad, prácticas y recursos a vuestra disposición.

MAPA CONCEPTUAL
Qué es la desinformación y por qué es tan importante. El periodismo y la democracia

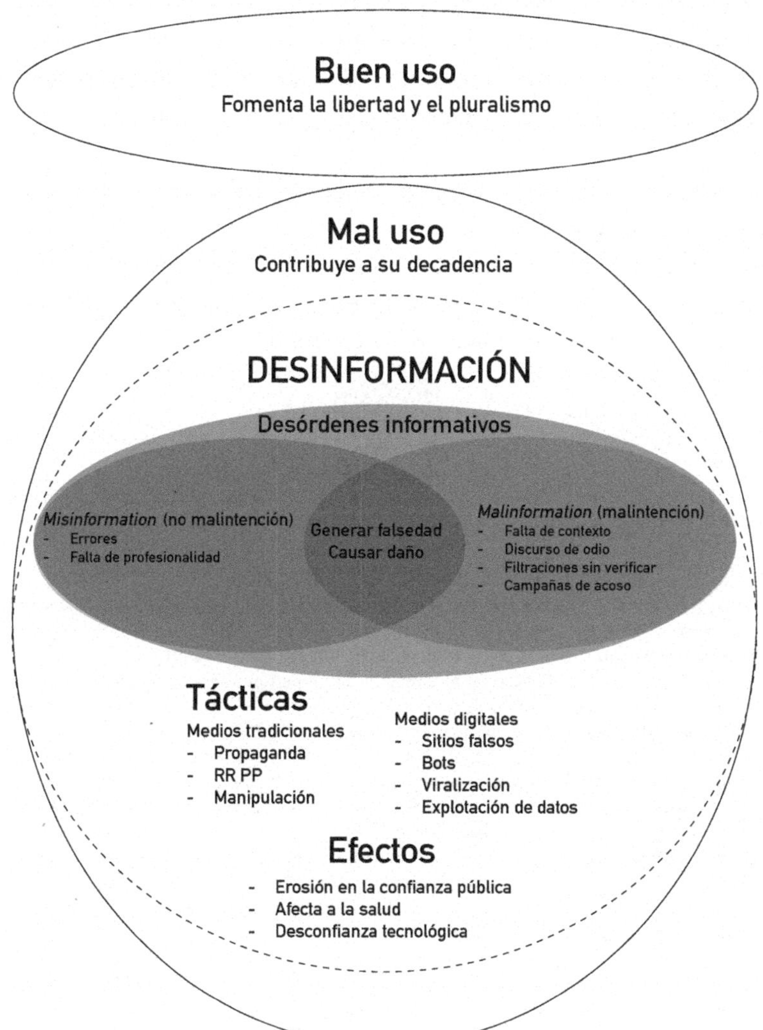

## CASOS PRÁCTICOS

1. Como hemos visto en los párrafos anteriores, en la web nos encontramos cada día desórdenes informativos de distinto tipo, ya sean errores no intencionados (*misinformation*) o mensajes no necesariamente falsos, pero que no tienen como objetivo informar (*malinformation*). Encuentra un mensaje de cada tipo y explica las consecuencias que puede tener en la sociedad si esa noticia se viraliza.

2. En este fragmento de la película *Cortina de humo* (Barry Levinson, 1997), se muestra cómo un gabinete de comunicación diseña una estrategia para contrarrestar una noticia negativa: ¿en qué se basa? ¿Cómo crees que podría hacerse este tipo de campañas de desinformación en la actual era de internet?

## BIBLIOGRAFÍA


Dovifat, E. (1980): *Política de la información*, Pamplona, Eunsa.

Igartua, J. J.; Muñiz, C. y Otero, J. A. (2006): "El tratamiento informativo de la inmigración en la prensa y la televisión española. Una aproximación empírica desde la teoría del *framing*", *Global Media Journal México*, vol. 3, nº 5, pp. 1-15, https://lc.cx/uMuicH.

Masip, P.; Suau, J. y Ruiz-Caballero, C. (2020): "Percepciones sobre medios de comunicación y desinformación: ideología y polarización en el sistema mediático español", *Profesional de la información*, vol. 29, nº 5, https://lc.cx/dAxW_7.

Romero-Rodríguez, L. M.; Valle-Razo, A.-L. y Torres-Toukoumidis, Á. (2018): "Hacia una construcción conceptual de las *fake news*: epistemologías y tipologías de las nuevas formas de desinformación", en Mª J. Pérez-Serrano, G. Alcolea-Díaz y A. I. Nogales-Bocio (eds.), *Poder y medios en las sociedades del siglo XXI*, Sevilla, Ediciones Egregius, pp. 259-273.

Salaverría, R. *et al.* (2020): "Desinformación en tiempos de pandemia: tipología de los bulos sobre la COVID-19", *Profesional de la información*, vol. 29, nº 3, https://lc.cx/StEDo_.

Tandoc Jr., E. C.; Lim, Z.-W. y Ling, R. (2018): "Defining 'fake news'", *Digital journalism*, vol. 6, nº 2, pp. 137-153, https://lc.cx/Xhouwk.

Wardle, C. (2019): "Understanding Information Disorder", *First Draft*, https://lc.cx/UV8RZL.

Wardle, C. y Derakhshan, H. (2017): *Information disorder: Toward an interdisciplinary framework for research and policy making*, Estrasburgo, Consejo de Europa.


## OTROS RECURSOS

*Cortina de humo* (Barry Levinson, 1997), película completa.

Episodios 18, 19 y 20 de la segunda temporada de *El ala oeste de la Casa Blanca* (Aaron Sorkin, 2001).

CAPÍTULO 2

# EJEMPLOS DE DESINFORMACIÓN A LO LARGO DE LA HISTORIA

Las falsedades han existido siempre. Aunque las nuevas plataformas digitales difunden y propagan la desinformación a gran velocidad, este fenómeno ha estado presente desde los albores de la comunicación. Y es que la mentira es tan antigua como la propia humanidad: basta con mencionar algunos ejemplos para ser conscientes de ello.

Durante el Clasicismo se atribuyó a Nerón el incendio que asoló la ciudad de Roma en el año 64, durante su época como emperador. La imagen más extendida de dicho acontecimiento es la de Nerón encaramado al tejado de su palacio tocando la cítara mientras contemplaba las llamas. Pero nada más lejos de la realidad. Anthony A. Barrett, historiador experto en la Antigüedad romana, señala en su obra *Rome is Burning: Nero and the Fire That Ended a Dynasty* (2020) que el incendio, aunque fue grave, no tuvo las abultadas dimensiones que se le atribuyeron: se estima que se quemó entre un 15 y un 20% de la Città Eterna. Asimismo, esto causó una división interna entre el emperador y las élites sociales, ya que se pidió un esfuerzo fiscal para reparar el urbanismo afectado. Estas tensiones culminarían en una rebelión contra Nerón, que se suicidó en el año 68 antes de ser capturado. Barrett, a su vez, descarta que el fuego fuese provocado por el emperador o sus esclavos, pues Nerón se encontraba en Antium, a unos 70 kilómetros de Roma. Al parecer, la hipótesis más consistente es que el incendio fuera un accidente fortuito.

Al comienzo de la Edad Moderna existe otro acontecimiento que ha pasado a la historia sin ser real: ¿la flota, bajo órdenes de la reina Isabel I, venció a la Armada Invencible? Los británicos presumían de que habían vencido a los barcos de la Monarquía Hispánica estando en minoría, pero esto es falso por varias razones. En primer lugar, David no venció a Goliat: los ingleses asistieron a la batalla naval con un número de navíos superior al de los españoles. Cabe destacar que la denominación Armada Invencible no fue utilizada por Felipe II: este sobrenombre fue atribuido por los ingleses para aumentar la heroicidad de vencer en la batalla a la que se habían enfrentado. En segundo lugar, de los 130 navíos que acudieron a la contienda, dos tercios de la flota volvieron a la península ibérica bordeando las islas británicas sin librar batalla, pero la reina Isabel I afirmó que la mayor parte de los barcos españoles fueron derrotados por los británicos. Finalmente, es preciso señalar que, años después, en 1589, 180 navíos acudieron a las costas gallegas para realizar la Contraarmada, lo que supuso el mayor desastre naval de la historia de Inglaterra. La propaganda británica lo tapó todo y siguió afirmando, durante cuatro siglos, la heroica victoria a la armada a la que ellos tildaron como invencible suponiendo un mito en su historia nacional.

En cualquier caso, la expansión de la desinformación comenzó a tener unas consecuencias notables para la sociedad con el nacimiento de la llamada prensa de masas en el siglo XIX. Este hecho se desarrolló, sobre todo, en tres latitudes que fueron consideradas modelos dominantes en materia periodística: Inglaterra, Francia y Estados Unidos (Sánchez Aranda, 2004). A partir de entonces, las publicaciones periodísticas comenzaron a concebirse como un negocio y trataron de acercarse a la mayor parte del público para aumentar sus tiradas o, lo que es lo mismo, sus ganancias. Para lograrlo, se configuró un modelo de entender la profesión que marcó a toda una generación y que pervive hasta hoy: el sensacionalismo.

En la primera generación de la prensa de masas, acaecida a partir de los años treinta, ya se empezaba a acuñar este término: sensacionalismo. En 1833, nació el *The New York Sun*, también conocido como *The Sun*, fundado por Benjamin Day, que dio inicio a esta nueva era en el estadio de la comunicación estadounidense. Ofrecía contenidos vulgares, escabrosos y locales, sobre todo sucesos, nunca temas políticos, en ninguna de sus cuatro páginas; lo que interesaba era lo que había sucedido en la comisaría. En este diario se publicó un reportaje muy famoso en agosto de 1835 que versaba sobre una "supuesta" vida en la Luna. Para enganchar al lector, la historia se desarrolló a lo largo de cinco entregas y todo lo que se señaló fue falso.

El titular de la pieza era el siguiente: "Grandes descubrimientos astronómicos realizados recientemente por *sir* John Herschel en el cabo de Buena Esperanza". Como se puede apreciar, aparece una persona como fuente de autoridad de la información, recurso que también se utiliza actualmente para crear confusión y viralizar información errónea. En el cuerpo del artículo se podía leer: "En esta pieza, inusual para nuestro diario, tenemos la alegría de dar a conocer al público, y así a todo el mundo civilizado, los recientes descubrimientos en astronomía que construirán un monumento imperecedero al mundo en el que vivimos y que concederán a la presente generación una orgullosa distinción en todo el tiempo futuro". Parece que, en este texto, *The New York Sun* se atribuye un gran protagonismo al señalar a sus lectores que están ante un medio que les informa de cuestiones novedosas y cruciales que repercutirán en las generaciones venideras.

Días después, en la información añadida que se iba publicando, se describían las formaciones cristalinas, las plantas y el resto de la flora, así como las manadas de animales similares a bisontes, unos "castores bípedos" que llevaban a sus hijas en brazos y vivían en unas cabañas "mejor construidas que las de muchas tribus humanas". Pero cuando el diario sensacionalista sacó sus "grandes armas propagandísticas" fue con los "hombres murciélago". Eran unas criaturas (inventadas, por supuesto) que habían descubierto en una zona llamada el Coliseo de Rubí, un anillo de colinas. Desde la publicación, los describían con gran detalle, tratando de dar verosimilitud al bulo. En el medio se señalaba lo siguiente: "Su cuerpo, excepto la cara, está cubierto de un lustroso pelo de color cobre y cuentan con unas alas compuestas de una fina membrana sin pelo. Sus caras, de color amarillento, eran una leve mejora sobre la de un gran orangután". Finalmente, se demostró que este reportaje en fascículos era falso, pero masas de lectores creyeron lo que se había publicado, al igual que los *penny press* y diarios especializados, como *The New York Times* (Salas Abad, 2019).

La gran mentira de la Luna representa uno de los primeros reportajes en utilizar con éxito los medios de comunicación para difundir un descubrimiento científico completamente inventado para aumentar las ventas de un periódico. "[...] Supuso ocupar un lugar legendario en los anales del periodismo y en la historia de los medios. Algunos lo han llamado el engaño más exitoso y duradero en la historia de Estados Unidos" (Castagnaro, 2009).

A finales del siglo XIX hizo su aparición en la prensa americana el magnate William R. Hearst. Este empresario, que inspiró la película *Ciudadano Kane*, se hizo con el *New York Journal*, diario con el que llevó a cabo un ferviente sensacionalismo que fue conocido con el nombre de prensa amarilla (Companys, 1998). Este periodismo llevó la exageración al máximo. Pronto pasó a la invención y a la difamación. Su lema era: "Mientras otros hablan, nosotros actuamos". Se provocaban escándalos, se publicaban rumores, todo en la línea de lo ilegal: se acercaba al chantaje y a la difamación.

La campaña más importante del periódico de Hearst fue la relativa a la guerra de Cuba de 1898 (Leal Cruz, 1998). Aunque ya habían sucedido los primeros conatos de revolución en los años sesenta, en 1895 numerosos ciudadanos de Cuba se rebelaron con el fin de lograr su independencia. Estados Unidos tenía muchos intereses en la isla, pero España alegó que formaba parte de su territorio nacional. Esto hizo que el país norteamericano empezara una política para que los cubanos se levantasen contra los españoles. Enseguida, Hearst vio que la guerra ofrecía posibilidades de aumentar la tirada del periódico, por lo que envió a la isla a sus propios corresponsales y se generó una dura competencia con otro de los grandes empresarios de la época, Joseph Pulitzer, por llevar a primera plana las noticias más crueles con el foco puesto en "el enemigo": España.

La campaña iba a tener todos los ingredientes de la prensa sensacionalista. La política del general español Valeriano Weyler, enviado por el Gobierno de Cánovas del Castillo, se basó en el decreto de concentración de pacíficos, del personal no combatiente: se llevaba a la población civil a unos campos de concentración para tenerlos controlados. Pese a esta política de ensañamiento, el diario de Hearst exageraba todas las cifras para que el ejército español pareciera, si cabe, más cruel de lo que era.

Acompañaba las informaciones con todo tipo de ilustraciones (escenas de tortura, crucifixiones, flagelaciones, miserias, etc.) hechas por sus corresponsales, entre los que se encontraba el gran dibujante Frederic Remington, a quien Hearst le dijo la célebre cita: "Tú pon los dibujos y yo pongo la guerra". La mala imagen de España no solo se extendió en Estados Unidos, sino internacionalmente, y el país se fue quedando aislado gracias a esta campaña de desprestigio.

Hearst hizo todo lo posible para caldear el ambiente y que estallara la guerra. Entre otras muchas cuestiones, cabe destacar la siguiente: un ciudadano cubano robó una carta privada del embajador de España en Estados Unidos a un director de un periódico español (que estaba de viaje en Cuba). En el documento, el embajador se manifestaba de forma poco diplomática con respecto a Cuba y, sobre todo, con el propio William McKinley, al que calificaba como un político "débil y afanoso de la admiración del público" (Morison *et al.*, 1993: 596). Esta carta fue publicada por Hearst en la primera página de su periódico y la indignación que provocó fue enorme.

Seis días después, ocurrió el suceso definitivo que precipitaría los hechos: el 15 de febrero de 1898, un barco de Estados Unidos anclado en el puerto de la Habana, el Maine, explotaba y se llevó consigo decenas de cadáveres de jóvenes marines norteamericanos. Hearst llevaba tres años caldeando a la sociedad en contra de España y en este punto de gran intensidad poco importaban las causas del hundimiento. En la prensa amarilla hubo una tesis clara: había sido el enemigo, los españoles.

Años después, cuando se investigaron los hechos por una comisión de expertos de la Marina de Estados Unidos, se afirmó que la explosión había sido de dentro hacia fuera. Hubo un problema de aislamiento en la zona donde se guardaba el armamento y se produjo una deflagración espontánea. En todo caso, la guerra comenzó debido a este incidente: un bulo. Y España perdió la contienda, pero William R. Hearst había conseguido su objetivo: su periódico, en sus momentos finales, llegó a un pico de 1.250.000 ejemplares diarios, con una media de un millón diarios.

Para finalizar este breve repaso, cabe destacar una premisa fundamental en relación con la desinformación que ha marcado el devenir de la historia desde la Antigüedad: la verdad es enemiga de la guerra. Y es que, en un contexto bélico, el fin justifica los medios y las diferentes artimañas, la mentira por encima de cualquier otra, y son válidos para obtener la victoria.

En la Gran Guerra, hubo varios casos en los que podemos encontrar bulos en diferentes direcciones. Ejemplo paradigmático fue la propaganda de atrocidades cometidas por el ejército alemán, las cuales fueron exageradas por el bando aliado para convencer a la opinión pública y a los países neutrales —sobre todo Estados Unidos— de la necesidad de que entrasen en la contienda a su favor. Esta estrategia, en la que se pretende establecer una duda sobre la humanidad del bando opuesto, se desarrolló a partir de la ocupación alamana de Bélgica.

Numerosas historias de crueldad sobre dicha invasión se difundieron por Inglaterra: crucifixiones, violaciones, asesinatos de civiles y de niños indefensos, etc. Se entrevistó a centenares de belgas repatriados para que contaran su historia, tanto soldados como civiles, y se creó un comité de investigación (Committee on Alleged German Outrages), que llevaría a cabo el "Informe Bryce". No obstante, en investigaciones posteriores, algunas de las historias contadas en este documento se revelaron como falsas o inexactas. Y es que el abuso de este tipo de mensajes negativos durante la Gran Guerra ayudó a configurar la imagen despectiva que la propaganda tiene hoy día (Barragán-Romero y Bellido-Pérez, 2019).

En esta guerra también se difundió un bulo relacionado con España, cuya pervivencia tiene vigencia hasta nuestros días: el relacionado con la mal llamada gripe española. La prensa señaló que esta enfermedad se inició en España (Spanish Influenza Pandemic) porque fue el primer lugar donde se comenzó a informar sobre el auge de la gripe en el año 1918. Pero la enfermedad no provenía de nuestro país: el paciente cero fue un ciudadano estadounidense. Dicho bulo se difundió por los países que estaban en guerra por una razón: evitar que el caos se generalizara dentro y fuera de las trincheras.

En conclusión, a través de este capítulo, gracias a diversos ejemplos, se evidencia que la desinformación existe desde que el hombre empezó a establecer una cierta comunicación con sus iguales. No obstante, las grandes revoluciones comunicativas (la invención de la imprenta, la prensa de masas y la llegada de internet, entre otras) han posibilitado que los bulos, al igual que la información veraz, se consuman y se distribuyan a una (cada vez más) gran velocidad.

## MAPA CONCEPTUAL

Ejemplos de desinformación a lo largo de la historia. Una caracterítica humana impulsada por los medios de comunicación de masas

| | Mito | Realidad |
|---|---|---|
| El incendio de Roma (64 d.C.) | Nerón incendió Roma | Nerón no provocó el incendio y ni siquiera estaba en Roma |
| La "Armada Invencible" (1588) | Inglaterra derrotó a una poderosa flota española en inferioridad numérica | Inglaterra tenía más barcos y muchos de los navíos españoles regresaron sin luchar. La "Armada Invencible" fue un término propagandístico |
| La gran mentira de la Luna (1835) | *The New York Sun* publicó "descubrimientos" en la Luna, incluyendo seres "murciélagos" | Todo fue inventado para aumentar las ventas del periódico |
| Prensa amarilla y la guerra de Cuba (1898) | La prensa sensacionalista de William R. Hearst exageró los horrores de la ocupación española en Cuba | Hearst manipuló a la opinión pública para provocar la guerra, utilizando mentiras y exageraciones |
| Propaganda durante la Gran Guerra (1914-1918) | El ejército alemán cometió atrocidades extremas en Bélgica | Muchas de estas historias fueron exageradas o inventadas para ganar apoyo público |
| La gripe española (1918) | La pandemia de gripe comenzó en España | La enfermedad no se originó en España, pero fue el primer país en reportarlo debido a la falta de censura de guerra |

## CASOS PRÁCTICOS

1. Ordena estas tres imágenes cronológicamente. Señala a qué época pertenece cada una de ellas y explica qué bulo se desarrolló en referencia a dicho acontecimiento.

ILUSTRACIÓN 1

LA OPORTUNA VOLADURA DEL MAINE

$50,000 REWARD.—WHO DESTROYED THE MAINE?—$50,000 REWARD.

EDITION FOR GREATER NEW YORK

NEW YORK JOURNAL

AND ADVERTISER.

DESTRUCTION OF THE WAR SHIP MAINE WAS THE WORK OF AN ENEMY.

$50,000!

$50,000 REWARD!

For the Detection of the Perpetrator of the Maine Outrage!

Assistant Secretary Roosevelt Convinced the Explosion of the War Ship Was Not an Accident.

The Journal Offers $50,000 Reward for the Conviction of the Criminals Who Sent 258 American Sailors to Their Death. Naval Officers Unanimous That the Ship Was Destroyed on Purpose.

$50,000!

$50,000 REWARD!

For the Detection of the Perpetrator of the Maine Outrage!

Fuente: https://lc.cx/FNbmz_.

ILUSTRACIÓN 2

LA GRIPE ESPAÑOLA

Fuente: https://lc.cx/rPCJ4t.

ILUSTRACIÓN 3

CLAUDIO Y NERÓN, EL OCASO DE UNA ESTIRPE

Fuente: https://lc.cx/V8o0Zm.

2. Analiza los siguientes fragmentos pertenecientes a la serie de reportajes sobre la gran mentira de la Luna, publicados en agosto de 1835 por *The New York Sun*, junto con las imágenes que lo acompañan. ¿Qué elementos de desinformación, que se utilizan actualmente, se pueden percibir?

> "Grandes descubrimientos astronómicos realizados recientemente por *sir* John Herschel en el cabo de Buena Esperanza" (suplemento del *Diario Científico de Edimburgo*).

> "En esta pieza inusual para nuestro diario tenemos la alegría de dar a conocer al público británico, y así a todo el mundo civilizado, los recientes descubrimientos en astronomía que construirán un monumento imperecedero al mundo en el que vivimos y que concederán a la presente generación una orgullosa distinción en todo el tiempo futuro [...]".

**ILUSTRACIÓN 1**

**EL GRAN ENGAÑO DE LA LUNA (I)**

Fuente: https://lc.cx/Waxzw1.

> "Científicamente los denominamos *Vespertilio homo*, u hombre-murciélago, y son sin duda criaturas inocentes y felices [...] de pelo corto y brillante de color cobre, y tenían alas compuestas de una membrana delgada, sin pelo, que descansan cómodamente sobre sus espaldas [...]. Esas criaturas de 1,20 metros de altura, volaban y hablaban, construían templos, hacían arte y fornicaban en público".

ILUSTRACIÓN 2

EL GRAN ENGAÑO DE LA LUNA (II)

Fuente: https://lc.cx/SKd_uV.

"Una comisión formada por varios ministros episcopales, wesleyanos y otros, que en el mes de marzo pasado se les permitió, bajo la estipulación de un secreto temporal, visitar el observatorio y convertirse en testigos oculares de las maravillas que se les pedía que atestiguaran".

## BIBLIOGRAFÍA


Barragán-Romero, A. I. y Bellido-Pérez, E. (2019): "*Fake News* durante la Primera Guerra Mundial: Estudio de su representatividad en las portadas de la prensa española (*ABC Madrid*)", *Historia y Comunicación Social*, vol. 24, nº 2, pp. 433-447.

Barrett, A. A. (2020): *Rome is Burning: Nero and the Fire that Ended a Dynasty*, Nueva Jersey, Princeton University Press.

Castagnaro, M. (2009): *Embellishment, Fabrication and Scandal: Hoaxing and the American Press*, Pittsburgh, Carnegie Mellon.

Companys, J. (1998): *La prensa amarilla norteamericana en 1898*, Madrid, Sílex.

Leal Cruz, M. (1998): "Cuba 98: guerra y prensa. Controversias y disfunciones en torno al Maine. Especial referencia a los rotativos norteamericanos", *Coloquios de Historia Canario Americana*, nº 13, pp. 296-322.

Morison, S. E. *et al.* (1993): *Breve historia de los Estados Unidos*, Ciudad de México, Fondo de Cultura Económica.

Parker, G. y Martin, C. (2011): *La Gran Armada*, Barcelona, Planeta.

Salas Abad, C. (2019): "La primera *fake news* de la historia", *Historia y Comunicación Social*, nº 24, pp. 411-431.

Sánchez Aranda, J. J. (2004): "Evolución de la prensa en los principales países occidentales", en C. Barrera (ed.), *Historia del periodismo universal*, Barcelona, Ariel, pp. 77-134.


## OTROS RECURSOS

*Ciudadano Kane* (Orson Welles, 1941), película que recrea la vida de William R. Hearst.

"La armada invencible", en *El condensador de fluzo*, RTVE, https://lc.cx/QJt2pY.

CAPÍTULO 3

# LA EVOLUCIÓN DEL DERECHO A LA INFORMACIÓN Y LA LUCHA CONTRA LA DESINFORMACIÓN

La defensa de la objetividad está ampliamente ligada con el derecho a la información. Esto supone que, hasta los últimos años del siglo XVIII, con el impulso de las grandes revoluciones atlánticas, americana y francesa, no puede hablarse de ningún texto legal que protegiera el derecho de informar y de ser informado. La primera concreción legislativa en este sentido aparece en el artículo XII de la Declaración de Derechos de Virginia, del 12 de junio de 1776: "La libertad de prensa es uno de los grandes baluartes de la libertad y no puede ser restringido sino por un Gobierno despótico" (Hervada y Zumaquero, 1978). Hubo que esperar 15 años para que llegara la consagración jurídica de la libertad de prensa en Estados Unidos, con la primera enmienda de su constitución, la cual dicta que ninguna ley del Congreso podrá coartar la libertad de palabra e imprenta (Gascón, 2013).

En el viejo continente, el texto incipiente fue la Declaración de Derechos del Hombre y del Ciudadano, en el contexto de la Revolución francesa, para comenzar a eliminar los resortes absolutistas que el antiguo régimen había impuesto durante siglos: "La libre circulación de pensamientos y opiniones es uno de los derechos más preciosos del hombre. Todo ciudadano puede hablar, escribir e imprimir libremente con la salvedad de responder del abuso de esta libertad en los casos indicados por la ley". En España, esta nueva libertad se ratificó en la Constitución de 1812.

En su artículo 271 exponía lo siguiente: "Todos los españoles tienen libertad de escribir, imprimir y publicar sus ideas políticas sin necesidad de licencia, revisión y aprobación alguna anterior a la publicación, bajo las restricciones y responsabilidad que establezcan las leyes" (Marta-Lazo, Gabelas y Silva, 2007). Cada artículo, norma o enmienda obedecía a la necesidad de arrancar al poder regio la capacidad de controlar la opinión pública, pero, desde entonces, surgió la siguiente duda: ¿a quién pertenecía la información?

Tras esta cuestión, se han sucedido tres etapas diferentes. En la primera (también denominada empresarista), la libertad de prensa se entendió como una libertad de empresa, ya que los propietarios de los periódicos eran los únicos con capacidad tecnológica y económica para utilizar los medios de la época (prensa) para difundir informaciones. Años después, creció la sensibilidad sobre la importancia de la información para el desarrollo de las sociedades modernas. En este periodo, que transcurrió en la etapa de entreguerras (y que se denominó profesionalista), los periodistas no eran meros trabajadores de una empresa de comunicación, sino que tenían una responsabilidad pública con la sociedad. Eran ellos, por tanto, los propietarios de la información. Por último, a partir de 1948, gracias a la Declaración Universal de los Derechos Humanos, se otorgó la pertenencia de la información a todos los individuos, ya que se consideró un derecho humano básico (Desantes, 1976).

Esta última etapa (la universalista), vigente hasta nuestros días, suponía el desplazamiento *de iure* de los periodistas como únicos difusores de la información. A finales de los cuarenta, los medios técnicos del momento no permitían acceder a todos los ciudadanos a los medios de comunicación de masas para difundir información a grandes públicos. Por ello, los periodistas, actuaron como administradores y gerentes de este derecho universal hasta que la tecnología permitiera universalizar realmente la información.

Gracias a este paradigma se observó que, en este nuevo periodo de libertad sin barreras, donde el rigor y la ética del periodista ya no eran tan imprescindibles, podría conllevar un problema:

que peligrasen otros derechos importantes como el derecho al honor, a la intimidad, a la imagen o a la protección de la infancia. Por ello, en algunas nuevas constituciones, como la española de 1978, concretamente en el artículo 20, se incluyeron límites a esta libertad de expresión e información. Así como en distintos códigos penales (Díez Bueso, 2007).

Con los años, se aprobaron distintas medidas público-privadas para fortalecer el rigor del periodismo, como los códigos deontológicos. Entre todos ellos, llama la atención el que se aprobó en el Consejo de Europa en 1993, ya que se centró en las diferencias entre información y opinión, dejando claro que estas últimas deben respetarse como parte de la libertad de expresión, pero que, en lo concerniente a la información, esta debía ser veraz, rigurosa e imparcial. De esta aprobación, subyace la conclusión de que la libertad de información expuesta en la Declaración Universal de los Derechos Humanos no podía avalar aquellos contenidos basados en opiniones o que no siguieran mecanismos para garantizar la veracidad, la rigurosidad y la imparcialidad (Beaumont, 1993).

La llegada de internet, concretamente de la web 2.0, cambió por completo el panorama de los medios de comunicación y de cómo los ciudadanos nos relacionamos con la información. Los blogs y las redes sociales permitieron que se eliminara ese papel de regentes de la información que se les había cedido a los periodistas desde 1948. Estas nuevas plataformas permitieron democratizar la difusión de ideas y la rápida expansión de estas, así como que la comunicación entre las empresas, organizaciones y personalidades públicas pasara a un sistema bidireccional. No obstante, también provocó que los medios de comunicación tradicionales entraran en una crisis sin precedentes porque su papel como encargados de informar a la ciudadanía se había diluido en internet (Díaz Nosty, 2009).

Esta crisis conlleva dos consecuencias claras con respecto a la desinformación:

1. Que la competencia ha aumentado debido a los bajos costes de creación de los medios de comunicación nativos

digitales, lo que ha provocado que los medios de comunicación estén en una situación económica delicada que se ve reflejada en la precariedad de sus trabajadores y en las técnicas propagandísticas que se utilizan para atraer audiencia.
2. Que la ciudadanía no tiene referencias sobre quién está detrás de la gran cantidad de contenidos que recibe cada día, volviéndose muy difícil diferenciar qué es información veraz, rigurosa e imparcial y qué mensajes esconden intereses propagandísticos alejados de la información.

Esto ha generado el caldo de cultivo óptimo para que se difundieran eficientemente bulos, campañas propagandísticas o cualquier tipo de desinformación, lo que conlleva que, más que nunca, la libertad de información esté en alto riesgo. Una situación crítica en cualquier democracia, ya que es el derecho que permite dotar a la ciudadanía de los conocimientos necesarios para que tomen las decisiones que consideren, tanto en su día a día como en relación con su posicionamiento político y voto.

La desinformación se ha convertido en el mayor riesgo para la seguridad nacional (Hernández, 2024). Por tanto, desde las Administraciones y las plataformas sociales, se está intentando tomar una serie de medidas para luchar contra este problema, pero la situación no es sencilla. Alemania y Francia intentaron desarrollar proyectos para poder luchar contra este problema; sin embargo, desistieron ante el riesgo de censura previa (Petit, 2024). En España, el propio presidente del Gobierno alertó de este mismo problema en una carta publicada en su cuenta de la red social X, pero al ser preguntado por las medidas que tomaría en una entrevista en la Cadena SER dejó claro que era una cuestión que debía partir de los medios.

El miedo a que la lucha contra este problema se convierta en una limitación de la libertad de expresión es importante. La propia Organización para la Cooperación y el Desarrollo Económico (OCDE), en un informe titulado *Hechos frente a falsedades: fortaleciendo la democracia a través de la integridad de la información* (2024) propone que las medidas deben ir en el camino de mejorar la transparencia, la rendición de cuentas y la pluralidad de las fuentes de información; actualizar las medidas de gobernanza y la arquitectura institucional para reforzar la integridad del espacio informativo y desarrollar defensas individuales y colectivas contra la desinformación, pero deja claro que en ningún caso debe llevar a un mayor control de la información.

En el Gobierno de España se considera que la lucha contra la desinformación debe realizarse a través de tres actores clave: las empresas tecnológicas, la sociedad civil y los *factcheckers* e instituciones académicas. De hecho, España, como miembro de la Unión Europea sigue un plan de acción a nivel continental que se aprobó a finales de 2018 y que se basa en esos principios. Para ponerlo en marcha a nivel estatal, se creó la Comisión Permanente contra la Desinformación, un grupo de trabajo interministerial que diseñó un procedimiento de actuación contra la desinformación y que fue presentado en el Congreso de los Diputados por el General de Brigada Miguel Ángel Ballesteros Martín.

Por otro lado, las redes sociales, pese a ser herramientas a través de las cuales se están difundiendo la mayor cantidad de ejemplos de desinformación, también están adoptando diversas medidas para intentar paliar sus efectos. Por ejemplo, en X, se implementaron las "Notas de la comunidad". Son un mecanismo a través del cual los usuarios pueden escribir notas en *posts* específicos para proporcionar contexto adicional, señalar errores o destacar información verificada que contradice o aclara el contenido de la publicación. Otras personas pueden valorar estas notas en términos de su utilidad y precisión. Los usuarios votan si la nota es útil o no, y estos votos determinan la visibilidad de la corrección, que aparecen directamente bajo el mensaje como una forma de contexto.

Desde Meta Platforms, la matriz propietaria de Facebook, Instagram, Threads y WhatsApp, el posicionamiento es diferente. Al contrario que X, Facebook no apuesta por la colaboración directa de otros usuarios, lo que conlleva que sus medidas contra la desinformación estén puestas en entredicho por los organismos supranacionales. Meta centra su actividad en tres vías diferenciadas:

la transparencia de las campañas políticas en periodos electorales, el etiquetado de imágenes generadas por IA y la eliminación rutinaria de contenidos de grupos de tipo terrorista o generadores de odio. En cuanto a su actividad con respecto a las elecciones, Meta cuenta con 26 colaboradores independientes que trabajan en la verificación del contenido. Estas agencias indican a la matriz si el contenido es veraz o no. En caso negativo, se colocan etiquetas de advertencia del contenido. También se aportan los datos de los financiadores de los anuncios políticos promocionados y se prohíbe la financiación de publicidad política de grupos que no participan en los comicios.

Por último, TikTok confía su lucha contra la desinformación a una serie de colaboradores externos, entre los que destacan Newtral, Associated Press o Reuters. Estos agentes pueden alertar a TikTok si observan que un contenido presenta un riesgo para la salud, desinformación sobre el cambio climático, teorías de la conspiración que nombran, atacan o son violentas hacia personas o grupos para eliminarlo. También pueden optar por penalizar el posicionamiento de otros vídeos en los que aparezcan conspiraciones que carecen de fundamento, medios reutilizados, tergiversaciones de fuentes autorizadas o afirmaciones no verificadas relacionadas con una emergencia o desarrollo de un evento.

Las medidas contra la desinformación son variadas y se han intensificado con el tiempo, pero aún resultan insuficientes para abordar un problema en continua evolución. Desde la consolidación del derecho a la información, pasando por etapas de profesionalización periodística, hasta la universalización de la información con la Declaración Universal de los Derechos Humanos, el panorama ha cambiado drásticamente con la llegada de internet y las redes sociales. La democratización de la información ha permitido la difusión masiva y rápida de ideas, pero también ha facilitado la propagación de desinformación y noticias falsas.

Los esfuerzos actuales, que incluyen códigos deontológicos, iniciativas gubernamentales y acciones por parte de plataformas sociales, buscan frenar la desinformación. Los países de la Unión Europea siguen un plan de acción europeo que incluye el Sistema de Alerta Rápida (RAS), pero el miedo a caer en la censura limita mucho su margen de acción. Las plataformas sociales, como X, Meta y TikTok, también han adoptado medidas específicas, aunque su efectividad es a menudo cuestionada.

A pesar de estos esfuerzos, la rapidez y adaptabilidad de las tácticas de desinformación exigen una vigilancia constante y el desarrollo de nuevas estrategias para proteger la integridad del espacio informativo.

## MAPA CONCEPTUAL
## Evolución del derecho a la información y la lucha contra la desinformación

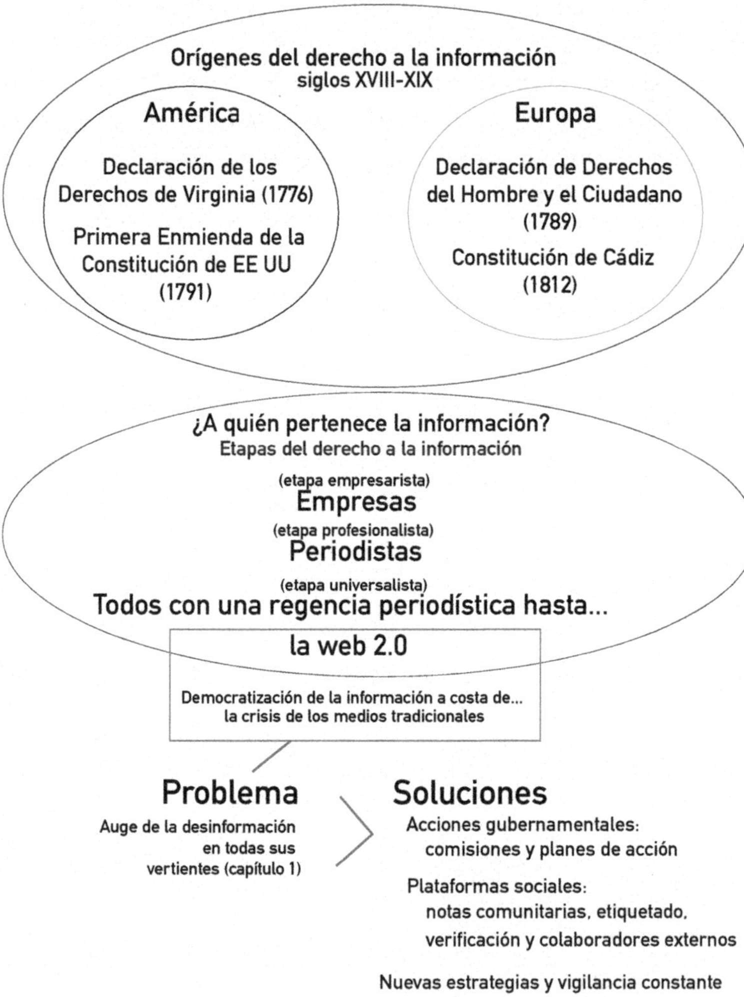

Orígenes del derecho a la información
siglos XVIII-XIX

América

Declaración de los Derechos de Virginia (1776)

Primera Enmienda de la Constitución de EE UU (1791)

Europa

Declaración de Derechos del Hombre y el Ciudadano (1789)

Constitución de Cádiz (1812)

¿A quién pertenece la información?
Etapas del derecho a la información

(etapa empresarista)
Empresas

(etapa profesionalista)
Periodistas

(etapa universalista)
Todos con una regencia periodística hasta...

la web 2.0

Democratización de la información a costa de...
la crisis de los medios tradicionales

Problema

Auge de la desinformación en todas sus vertientes (capítulo 1)

Soluciones

Acciones gubernamentales:
comisiones y planes de acción

Plataformas sociales:
notas comunitarias, etiquetado, verificación y colaboradores externos

Nuevas estrategias y vigilancia constante

## CASOS PRÁCTICOS

1. Tal y como se ha señalado en la parte teórica, la desinformación es un problema de primer orden. Por ello, tiene dedicado un epígrafe en el *Informe Anual de Seguridad Nacional* que cada año aprueba el Gobierno de España. En el de 2023, se han observado que una serie de potencias extranjeras han atacado la estabilidad de la Unión Europea y que sus objetivos son distintos países, organizaciones o individuos. Investiga qué responsable político español es el que ha sido más atacado con este tipo de campañas y encuentra algún ejemplo de cómo se han hecho.

2. ¿Es tan fácil desinformar? Llega la hora de que intentemos lo que queremos evitar. Invéntate un titular sobre un bulo (que no sea perjudicial para ningún colectivo), crea una imagen con IA que lo ilustre (puedes hacerlo desde el creador de imágenes de Bing) y compártelo en la red social X. Veremos si los mecanismos de seguridad de X se ponen en funcionamiento... o no.

## BIBLIOGRAFÍA


Beaumont, J. F. (2 julio 1993): "El Consejo de Europa aprueba un código de ética periodística", *El País*, 2 de julio, https://lc.cx/zNt6HU.

Desantes, J. M. (1976): "El entendimiento empresarista de la información", *El País*, 6 de agosto, https://lc.cx/3d-XWl.

Díaz Nosty, B. (2009): "Reflexiones sobre la crisis y los medios de comunicación. El rescate del periodismo", *Temas para el debate*, nº 177, pp. 23-26.

Díez Bueso, L. (2007): "La llibertat d'expressió i els seus límits", *Quaderns del CAC*, nº 27.

Gascón, A. (2013): "La primera enmienda de la Constitución de Estados Unidos de Norteamérica y la protección del discurso racista", *Anales de la Cátedra Francisco Suárez*, nº 47, pp. 163-182.

Gobierno de España (2023): *Informe Anual de Seguridad Nacional*, https://lc.cx/83CFkl.

Hernández, M. (2024): "Seguridad Nacional eleva el riesgo de campañas de desinformación en los procesos electorales", *El Confidencial*, 20 de marzo, https://lc.cx/APu4jZ.

Hervada, J. y Zumaquero, J. M. (1978): *Textos internacionales de derechos humanos*, Pamplona, Eunsa.

Marta-Lazo, C.; Gabelas, J. A. y Silva, A. (2007): "La información como servicio público en los medios de comunicación", *Revista de Ciencias de la Comunicación e Información*, nº 24, pp. 12-22.

OCDE (2024): *Hechos frente a falsedades. Fortaleciendo la democracia a través de la integridad de la información*, París, OCDE, https://lc.cx/ecEs5J.

Petit, Q. (2024): "La dura batalla contra la desinformación", *El País*, 5 de mayo, https://lc.cx/T7V3Ol.

## OTROS RECURSOS

Entrevista de Ángels Barceló a Pedro Sánchez, Cadena SER, 30 de abril de 2024, https://lc.cx/BipilU.

Intervención del general Miguel Ángel Ballesteros en el Congreso de los Diputados, https://lc.cx/G7d4nn.

"La lucha contra la desinformación", Ministerio de Asuntos Exteriores, YouTube, https://lc.cx/wt2kd6.

PARTE II

# CAUSAS Y CONSECUENCIAS DE LA DESINFORMACIÓN EN LA ACTUALIDAD

CAPÍTULO 4
# LA ERA DE LA POSVERDAD

La desinformación ha existido desde que las personas comenzaron a expresarse entre sí, tal y como se ha afirmado en el segundo capítulo. Sin embargo, desde hace unos años presenta un mayor auge por varios motivos: en primer lugar, por la rapidez y viralidad de internet y las redes sociales; en segundo lugar, por la atmósfera que envuelve el espacio comunicativo y, a su vez, porque ha cambiado la estructura del sistema informativo, donde se diluye la estructura tradicional "emisor-receptor": "Si los viejos consumidores se suponían pasivos, los nuevos consumidores son activos. Si los viejos consumidores eran predecibles [...], los nuevos consumidores son migratorios [...], si los viejos consumidores eran individuos aislados, los nuevos consumidores están más conectados socialmente" (Jenkins, 2008).

En 2016, el diccionario *Oxford* eligió palabra del año posverdad (*post-truth*), que la Fundéu define como la "circunstancia en las que los hechos objetivos influyen menos a la hora de modelar la opinión pública que los llamamientos a la emoción y a la creencia personal". Su amplia extensión es un cambio muy importante en el comportamiento de las audiencias ante la información, ya que el germen fundamental de la posverdad es justamente que "la verdad ya no importa" (*Oxford*, 2016). Esto es, se trata de una actitud de resistencia emocional ante hechos y pruebas objetivas que tiene mucho que ver con algunos comportamientos psicológicos del ser humano: los sesgos cognitivos, especialmente el sesgo "de confirmación" que hace más fácil aceptar y recordar aquellos datos que se ajustan a nuestras creencias previas, y el de "punto ciego", esto es, la predisposición a verte a ti mismo con menos sesgos o prejuicios que a los demás.

A esta ecuación hay que sumar los algoritmos presentes en el espacio web, que nos ofrecen información atendiendo a nuestras búsquedas previas. Esto provoca un aislamiento del usuario en su propia "burbuja informativa", recreando un bucle que lo encapsula en una recreación de sus intereses y emociones. Consecuentemente, esta es una de las causas que dan lugar al fenómeno de la "cámara eco": la amplificación de información en redes sociales mediante la exposición a una misma red de contactos, con la consiguiente falta de visibilidad y, por consiguiente, de aceptación de opiniones divergentes o contrarias (Fernández, Torrecillas y Pérez, 2023). Por tanto, los algoritmos refuerzan y, en cierto sentido, manejan nuestros sesgos cognitivos, pues deciden "qué debemos leer y cómo nos (des)informamos para polarizarnos cada vez más" (Teba, 2021). Dichos sentimientos viscerales, que normalmente se engrosan durante una situación de crisis e incertidumbre (Rey, Ladero y Muñoz, 2020), se han materializado en una auténtica explosión de desinformación (Serrano, 2009).

Esta serie de fenómenos tienen un mayor riesgo para la democracia cuando convergen en el ámbito político, especialmente, en contextos electorales. Las campañas de desinformación pueden ser utilizadas para influir de forma fraudulenta en la opinión pública y desacreditar a adversarios. Después de todo, como señaló Hannah Arendt (1951), "el sujeto ideal para un Gobierno totalitario no es el nazi ni el comunista convencidos, sino el individuo para quien la distinción entre hechos y ficción y la distinción entre lo verdadero y lo falso han dejado de existir". No es casualidad que en 2016 la posverdad tuviera un cierto protagonismo, pues se desarrollaron dos acontecimientos internacionales que han tenido consecuencias determinantes en los territorios donde ocurrieron: el referéndum del Brexit y la llegada de Donald Trump a la Casa Blanca: "A pesar de mentir reiteradamente en sus declaraciones públicas, sus partidarios no dejaron de apoyar al presidente frente a los datos objetivos" (Razquín, 2020).

Hay estrategias basadas en la posverdad que se aplican, preferentemente, en el ámbito de la propaganda electoral, teniendo como denominador común la opacidad, ocultando o distorsionando la identidad del emisor. La más conocida es el *astroturfing*, una técnica comunicativa empleada por organizaciones que consiste en la creación de movimientos de base falsos para difundir todo tipo de información, influyendo a los periodistas y a la opinión pública (Echazú y Rodríguez, 2018). Existe consenso en la bibliografía reciente al definir el *astroturfing* como falsos *grassroots*[1], ya que buscan la manipulación de las audiencias en favor de los intereses de las entidades que lo promocionan (Henrie y Gilde, 2019; Zerback, Toepfl y Knoepfle, 2021). Si bien la amenaza para la democracia de cualquier campaña organizada de desinformación es básica para una toma de decisiones responsable y eficaz, lo es más cuando estas campañas de *astroturfing* ocultan a sus autores, que se enmascaran bajo apariencia y discurso propios de movimientos sociales o ciudadanos (García Orosa, 2021). Un *astroturfer* tiene como objetivo simular popularidad o apoyo masivo tanto a un líder como a una opinión a favor o en contra de una política pública. Tal y como relatan Cho *et al.* (2011), en la década pasada ya hubo ejemplos de este fenómeno: las grandes empresas contaminantes trataron de ejercer presión en detrimento de la concienciación sobre el calentamiento global.

Este nuevo contexto comunicativo y mediático tiene fatales consecuencias para el periodismo. Los profesionales de la información pierden credibilidad frente a líderes de opinión que se erigen a través de nuevas plataformas de *streaming* y de las redes sociales. El problema principal de este hecho parte de que, a diferencia de los medios tradicionales, y como hemos visto en el contexto anterior, el contenido se comparte "sin un significativo

1. Forma de asociación constituida por los miembros de la propia comunidad. Implica que la creación del movimiento y el apoyo del grupo es natural y espontáneo, sin injerencias de estructuras de poder externas.

filtrado realizado por terceros ni verificación de datos o juicio editorial" (Allcott y Gentzkow, 2017: 2). Los medios de comunicación de masas están sufriendo una grave crisis, sobre todo de identidad; se están situando, de alguna manera, en un panorama donde las emociones ligadas a la posverdad han cobrado protagonismo por diversas razones:

1. Existe una decadencia financiera en los medios tradicionales, lo que ha supuesto una precarización de la información. Esto es, periodistas que trabajan muchas horas por muy poco dinero.
2. La ciudadanía se informa, de manera masiva, a través de internet y no centra su atención donde debería. Tiene lugar una lectura diagonal de las noticias donde rara vez se profundiza en un hecho concreto. Se va navegando automáticamente pasando de una página a otra de forma sistemática.
3. Inmediatez frente a calidad, las informaciones se publican de forma apresurada para ver quién da la exclusiva primero. Antes se decía: "No hay nada más 'viejo' que el periódico del día anterior" y ahora se señala: "No hay nada más antiguo que el *post* de hace diez minutos". Esto hace que no se repose la información, que no se contrasten fuentes y que se haga una praxis periodística mucho peor que la que nuestra democracia demanda y nuestros ciudadanos esperan.
4. Búsqueda del clic (el llamado *clickbait*). Cuantos más clics obtenga una información, más publicidad conseguirán esas páginas web, lo que se traduce en incremento económico en un momento de crisis. Además, se ha demostrado que cuanto más sensacionalista y emocional sea el discurso más suscitará la atención de los medios de comunicación, puesto que eso conllevará la abultada visita de los usuarios de redes sociales.

Pese a este escenario desalentador, que es preciso estudiar si se quiere combatir, hay soluciones de diversa índole, tanto de corte individual como colectivo. Para estar bien informados en esta atmósfera de posverdad es importante, además de contar con una alfabetización mediática e informacional adecuada, reconocer y asumir los sesgos en uno mismo y en los demás. "Es necesario ser plenamente conscientes de las influencias que afectan nuestro pensamiento: suposiciones, preconcepciones, estereotipos, sesgos, aversiones, creencias, aspectos que damos por sentados como normales y aceptables, y que nunca hemos cuestionado (sobre nosotros mismos y nuestro mundo)" (Olalde, 2018). Y es que solo si aceptamos y analizamos las diversas amenazas comunicativas que se han explicado a lo largo de este capítulo y entendemos nuestras características cognitivas como seres humanos, se podrá establecer un mayor nivel de control para discernir la desinformación de aquello que no lo es; en consecuencia, asumir nuestro rol en la ciudadanía de forma más eficaz y responsable: "Aun cuando la era de la posverdad haya llegado a nuestro tiempo con cierta fuerza, la última palabra la tienen los usuarios o consumidores, personas libres que pueden decidir restablecer el valor de la verdad. Esto significa evitar la mentira, propia y ajena, evitando acostumbrarse a vivir en circunstancias en las que la falsedad es algo usual [...]. No todo nos puede dar igual" (Montoya, 2019).

MAPA CONCEPTUAL
La era de la posverdad

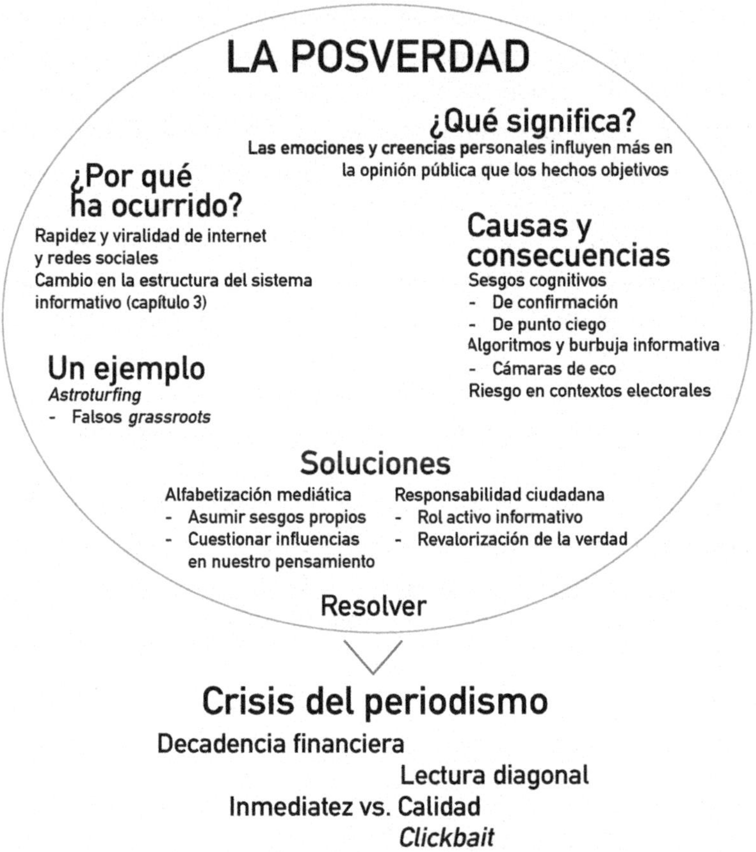

# LA POSVERDAD

## ¿Qué significa?

Las emociones y creencias personales influyen más en la opinión pública que los hechos objetivos

## ¿Por qué ha ocurrido?

Rapidez y viralidad de internet y redes sociales
Cambio en la estructura del sistema informativo (capítulo 3)

## Causas y consecuencias

Sesgos cognitivos
- De confirmación
- De punto ciego

Algoritmos y burbuja informativa
- Cámaras de eco

Riesgo en contextos electorales

## Un ejemplo

*Astroturfing*
- Falsos *grassroots*

## Soluciones

Alfabetización mediática
- Asumir sesgos propios
- Cuestionar influencias en nuestro pensamiento

Responsabilidad ciudadana
- Rol activo informativo
- Revalorización de la verdad

Resolver

## Crisis del periodismo

Decadencia financiera
Lectura diagonal
Inmediatez vs. Calidad
*Clickbait*

## CASOS PRÁCTICOS

1. Accede a la viñeta "Esa noticia" que se encuentra en el código QR y señala qué sesgo se ejemplifica en ella. ¿Qué elementos (gustos, opiniones, aversiones, etc.) te influyen a la hora de consumir información política, deportiva, económica, cultural, social, etc.?

En función de la respuesta anterior, reflexiona: ¿crees que los algoritmos de tu *timeline* de X (u otra red social) te ofrecen "lo que quieres leer" para obtener resultados empresariales exitosos? ¿Estás inmerso en una "cámara de eco" o sigues a personas que disienten tus opiniones, gustos, etc.?

2. Identifica los diferentes elementos sensacionalistas (y de dudosa ética periodística) que se advierten en el filme cómico *Primera plana* (1974), de Billy Wilder.

Explicación de la escena: el director del periódico *Chicago Examiner* (Walter Burns) habla por teléfono mientras el periodista más exitoso (Hildy Johnson) quiere acabar un artículo sobre un fugado (Earl Williams) que tienen escondido en el escritorio del despacho antes de marcharse a celebrar su matrimonio. Su esposa (Peggy Grant) es la figura femenina que aparece para intentar llevarse a su marido, ya que una vez que se case dejará la profesión periodística y se dedicará a la publicidad.

# BIBLIOGRAFÍA

ALLCOTT, H. y GENTZKOW, M. (2017): "Social media and fake news in the 2016 election", *Journal of Economic Perspectives*, vol. 31, nº 2, pp. 211-36.

ARENDT, H. (1951): *The Origins of Totalitarianism*, Nueva York, Harcourt Brace & Co.

CHO, C. H. *et al*. (2011): "Astroturfing global warming: It isn't always greener on the other side of the fence", *Journal of Business Ethics*, vol. 104, nº 4, pp. 571-587, https://lc.cx/Y-wuFB.

ECHAZÚ, E. y RODRÍGUEZ, R. (2018): *Primer glosario de comunicación estratégica en español*, Madrid, Fundéu, https://lc.cx/odJrID

FERNÁNDEZ, L. M.; TORRECILLAS, T. y PÉREZ, M. (2023): "El debate sobre el papel de los filtros burbuja y las cámaras eco como factores de polarización social y política", en I. Baena-Cuder, D. Rando Cueto y S. Otero Escudero (eds.), *Acciones y realidades ante la manipulación social: redes sociales, publicidad y marketing*, Madrid, Dykinson. pp. 914-928.

GARCÍA-OROSA, B. (2021): "Disinformation, social media, bots, and astroturfing: the fourth wave of digital democracy", *Profesional de la Información*, vol. 30, nº 6, https://lc.cx/3gY8c_.

HENRIE, K. M. y GILDE, C. (2019): "An examination of the impact of astroturfing on nationalism: A persuasion knowledge perspective", *Social Sciences*, vol. 8, nº 2, https://lc.cx/9BHP9U.

JENKINS, H. (2008): *Convergence Culture. La cultura de la convergencia de los medios de comunicación*, Barcelona, Paidós.

MONTOYA, M. (2019): "La era de la posverdad, la posveracidad y la charlatanería", Universidad de Navarra, https://lc.cx/AUrz8B.

OLALDE, B. (2018): "Desarrollo del pensamiento crítico. Cómo nos afectan los sesgos cognitivos y los estereotipos sociales", *Revista Forum de Sostenibilidad*, nº 8, pp. 151-160.

OXFORD DICTIONARY (2016): "Word of the year 2016 is...", https://lc.cx/S4ROom.

RAZQUÍN, P. (2020): "El fenómeno de la desinformación. Análisis crítico y propuestas de actuación desde el ámbito académico", en M. T. Fernández y G. A. Torres Vargas (eds.), *Verdad y falsedad de la información*, Ciudad de México, UNAM, Instituto de Investigaciones Bibliotecológicas y de la Información, pp. 125-142.

REY, J.; LADERO, V. y MUÑOZ, E. (2020): "COVID-19 genera miedo e incertidumbre. El peligro de los escépticos y los sarcásticos ante la pandemia", Asociación Española para el Avance de la Ciencia (AEAC), https://lc.cx/Zcs9Vj.

SERRANO, P. (2009): *Desinformación. Cómo los medios ocultan el mundo*, Barcelona, Península.

TEBA FERNÁNDEZ, E. M. (2021): "Educando al 'homo digitalis': el papel de la educación y del DigComEdu para paliar los efectos de los algoritmos, las *fake news*, la polarización y falta de pensamiento crítico, *Vivat Academia*, nº 154.

ZERBACK, T.; TOEPFL, F. y KNOEPFLE, M. (2021): "The disconcerting potential of online disinformation: Persuasive effects of astroturfing comments and three strategies for inoculation against them", *New media & Society*, vol. 23, nº 5, pp. 1080-1098. https://lc.cx/-_DeXL.

CAPÍTULO 5

# LA POLARIZACIÓN POLÍTICA Y EL CRIPTODISCURSO DE ODIO

En los distintos capítulos de esta guía se ponen sobre la mesa conceptos frecuentes en nuestro día a día. En ocasiones, su utilización ha llevado a considerarlos "palabra del año" por distintas organizaciones. Si en el capítulo anterior se menciona como el diccionario *Oxford* elevó a esta categoría el término posverdad en 2016, en este se hablará de uno todavía más reciente: la polarización, que fue elegido como tal por FundéuRAE en 2023 (*El País*, 2023). La Real Academia Española seleccionó este *lemma* por su gran presencia en los medios de comunicación y por la evolución de su significado. Este término apareció por primera vez en el famoso diccionario de español de 1884, pero referido a los polos del globo terráqueo. Asimismo, tiene una acepción referida al campo de la física, pero en este caso nos interesa el planteamiento que trajeron Iván Schuliaquer y Gabriel Vommaro (2020): "Alineamiento extremo de posiciones contrapuestas en función de una identificación ideológica o partidaria".

Debido al sesgo de "punto ciego" que se explicó en el anterior capítulo, todos tendemos a pensar que no estamos polarizados. Sin embargo, como se verá a continuación, hay varios estudios que dicen lo contrario. Esto supone que, al seleccionar los estímulos informativos que tenemos en cuenta, estableceremos nuestros filtros, lo que tendrá un efecto claramente desinformativo.

Uno de los primeros experimentos que demostró que las personas tendemos a la polarización es el paradigma del grupo mínimo, que desarrolló Henri Tajfel en los años setenta. Este psicólogo social dividió a un grupo en dos mitades de forma aleatoria y descubrió que, aunque no había relación de afinidad entre los miembros de cada grupo, había mayor grado de preferencia por los miembros del propio grupo que por los del ajeno (Tajfel, 1970). Estos tipos de estudio han ido evolucionando durante estos años y han demostrado fenómenos como, por ejemplo, la antipatía hacia las personas migrantes (Rubin, Paolini y Crisp, 2010).

Según algunos investigadores, como Irving Janis (1972), este comportamiento se debe a que las personas tenemos un instinto primario autodefensivo denominado psicología tribal, o tribalismo, que nos ayuda a identificar quiénes son nuestros "aliados" y quiénes no. Por ello, nos identificamos con un género, un partido político, una familia, un país, una religión, un grupo étnico o, incluso, un equipo deportivo. Esta cuestión, además de darnos un sentido de pertenencia y situarnos en el mapa social y político, tiene una parte negativa: se crea un sentimiento de "nosotros vs. ellos" que genera indiferencia, antipatía y e incluso odio hacia quienes no pertenecen a nuestra tribu, y es que, por naturaleza, somos seres que queremos polarizarnos. Este mecanismo de incluirnos en distintas tribus fue muy útil durante miles de años, ya que las sociedades vivían en asentamientos enfrentados por su supervivencia, pero hoy en día, en un mundo tan interconectado en el que nos relacionamos continuamente con muchas personas distintas supone un problema importante.

Como no podía ser de otra forma, desde la academia se está estudiando en profundidad este problema, llegándose incluso a proponer nuevos conceptos, como el de la polarización afectiva, que es la distancia social, baja tolerancia y afectividad negativa exacerbada que está presente en distintos países de todo el mundo (Freidin, Moro y Silenzi, 2022). Para estudiar el grado de polarización afectiva que existe en cada territorio, se han puesto en marcha diversas metodologías. Por ejemplo, Iyengar, Sood y Lelkes (2012) crearon la herramienta del "termómetro", que consistía en pedirles a los encuestados que incluyeran el grado de afecto hacia dos partidos políticos, siendo 0 una puntuación de "frío" y 100, de "cálido". La diferencia entre la puntuación que un individuo otorgaba a un partido y a otro marcaría su grado de polarización y, realizando cálculos estadísticos descriptivos como la media o la desviación típica a lo largo de varios años, se pudo llegar a la conclusión de que en Estados Unidos la polarización había aumentado en los últimos años. Posteriormente, otros investigadores replicaron este método con el objetivo de comparar el grado de polarización en 20 democracias de Occidente. Los resultados indicaron que España ocupaba el primer lugar como país más enfrentado afectivamente (Gidron, Adams y Horne, 2019).

La relación de la polarización con la desinformación es muy estrecha. En diversos estudios se ha demostrado que el fuerte arraigo a un grupo puede nublar la capacidad de análisis, rechazando aquellas informaciones argumentadas y racionales. Por ejemplo, Geoffrey Cohen (2003) puso en marcha un interesante experimento. Dividió una muestra de individuos en dos grupos según sus afinidades políticas. En este caso, seguidores del Partido Demócrata, por un lado, y del Republicano, de Estados Unidos, por otro. A cada conjunto se le expuso una iniciativa legislativa afín a sus ideales, que fue bien recibida. Sin embargo, cuando al estrato de demócratas se le sugirió que era una propuesta de un republicano, simplemente, la rechazaron. Lo mismo ocurrió con los republicanos al enterarse de que era una idea de los demócratas.

Esta pertenencia al grupo puede llevar a que cometamos errores relacionados incluso con ciencias exactas como las matemáticas. Unos investigadores crearon un método mediante el cual, en una matriz de datos, se exponía que un número determinado de individuos se había curado una dolencia al aplicarse una loción y en cambio otros no habían observado esa mejoría. Y que otros que no se habían aplicado la crema también habían mejorado y otros no. Se les planteaba la pregunta que cuál de las opciones (aplicársela o no) era más efectiva para curarse. Todos, resolviendo una regla de tres simple, llegaron al resultado correcto. Después, a ese mismo grupo se le planteó la misma matriz, con las mismas cifras, pero con un problema politizado, como la prohibición de las armas o el aumento de impuestos a las clases altas. En este caso, las simpatías políticas de cada individuo marcaron sus respuestas, no las matemáticas (Kahan *et al.*, 2017).

Como se observa en los párrafos anteriores, la polarización es un fenómeno que lleva a los individuos a actuar de una forma totalmente ilógica, dejándose llevar casi en exclusiva por sus emociones y enterrando el mundo de la razón. Por supuesto, esto se observa cada día en las ágoras en las que tenemos la posibilidad de dejar patentes nuestras opiniones: las redes sociales. Estas plataformas, como se ha tratado en anteriores capítulos, permiten que cualquier idea se plasme por escrito, permanezca en el tiempo y que su capacidad de transmisión y, por tanto, de influencia, se multiplique. Gracias a los mensajes que publicamos en X, Facebook o Instagram, también dejamos claro en qué grupo o grupos nos posicionamos. En el caso de España, donde la polarización afectiva ha llegado a alcanzar las cotas más altas de las principales democracias de Occidente, este tipo de reafirmación llega sobre la base del lenguaje violento contra miembros de otros grupos. Un entorno en el que poco importa la razón o si las protestas se basan en argumentos válidos o no y, por tanto, el lugar perfecto para la proliferación de desinformación.

En la legislación existen mecanismos para limitar la libertad de expresión cuando esta suponga atentar contra la intimidad, dignidad o el honor de una persona o un grupo. De hecho, en el artículo 510 del Código Penal se intenta poner freno a todos estos delitos que surgen por esta tendencia tribal a la polarización afectiva estableciendo penas para:

> Quienes públicamente fomenten, promuevan o inciten directa o indirectamente al odio, hostilidad, discriminación o violencia contra un grupo, una parte del mismo o contra una persona determinada por razón de su pertenencia a aquel, por motivos racistas, antisemitas u otros referentes a la ideología, religión o creencias, situación familiar, la pertenencia de sus miembros a una etnia, raza o nación, su origen nacional, su sexo, orientación

o identidad sexual, por razones de género, enfermedad o discapacidad (LO 10/1995, del Código Penal).

No obstante, la propia Fiscalía General del Estado (C. 7/2019) reconoce que estos delitos de odio "no presentan unos contornos uniformes en el ámbito nacional e internacional" y que es un concepto "esencialmente valorativo" que está apegado a una "realidad social cambiante", por tanto, deja claro la dificultad para actuar contra ellos. Además, también apunta que la "motivación discriminatoria" es esencial para considerar estos hechos como figura delictiva. Esto quiere decir que la conducta (en este caso el mensaje) debe estar "orientada hacia la discriminación como expresión de la intolerancia excluyente frente a un determinado grupo o sus integrantes". Por lo tanto, está admitiendo que aquellos mensajes que dañen ideologías o a simpatizantes de partidos opuestos no podrán ser penados por ley, ya que no forman "grupos determinados".

Por otro lado, los moderadores de empresas de redes sociales como X o Meta tampoco han querido luchar contra estos mensajes violentos de tipo político, aunque sí que se involucran más por motivo de "su raza, origen étnico, origen nacional, pertenencia a una casta, orientación sexual, género, identidad de género, afiliación religiosa, edad, discapacidad o enfermedad grave" (X, 2023).

Esta indefensión ha llevado a que este tipo de lenguaje —considerado delictivo cuando es referido hacia otros colectivos— esté por debajo de los radares legales y de los sistemas de control de las plataformas, se expanda por las redes como una forma de comunicación legítima (Teruel, 2018), fomente la polarización afectiva y acreciente el problema de la desinformación. Por ello, diversos estudios han querido profundizar en su estudio a través de la creación de una taxonomía de la comunicación violenta en internet (Miró Llinares, 2016) o incluso lo han conceptualizado como "criptodiscurso de odio", haciendo alusión a que parece estar oculto a los sistemas de detección (Berdón Prieto, Herrero Izquierdo y Reguero Sanz, 2023).

La polarización política y este criptodiscurso de odio representan fenómenos profundamente entrelazados que han adquirido una relevancia significativa en la actualidad, especialmente en el contexto de las democracias occidentales. La tendencia humana a alinearse con un grupo determinado, ya sea por razones ideológicas, políticas o identitarias, contribuye a la creación de un ambiente donde la razón cede ante las emociones y donde la desinformación encuentra un terreno fértil para crecer.

La relación entre la polarización y la desinformación es preocupante, ya que el arraigo a un grupo puede provocar que los individuos rechacen información objetiva y racional, favoreciendo la perpetuación de prejuicios y la difusión de narrativas sesgadas. Este ciclo se ve exacerbado en las redes sociales, donde el cripto-discurso de odio se ha normalizado como una forma legítima de comunicación, escapando a menudo a la regulación legal y a los controles de las propias plataformas. Este tipo de lenguaje actúa como un catalizador del descontento y la hostilidad, consolidando aún más las divisiones existentes y aumentando la problemática de la desinformación.

MAPA CONCEPTUAL

La polarizacion política y el criptodiscurso de odio

La polarización

Alineamiento extremo de posiciones ideológicas o partidarias, marcado por una alta antipatía hacia los que no pertenecen al mismo grupo

Refuerza

Conceptos relacionados

Tribalismo

Tendencia a indentificarse con grupos específicos (experimento de Tajfel, 1970)

Polarización afectiva

Distancia social hacia grupos opuestos

Cuantificable a través del termómetro de Lyengar, Sood y Lelkes

España, el país más polarizado afectivamente

El criptodiscurso de odio

Discurso de odio político que pasa desapercibido en los sistemas de detección legales y de las redes sociales

Consecuencias

Normaliza el lenguaje violento y fomenta la desinformación

Alimenta la DESINFORMACIÓN

Por su impacto en la razón, nubla la capacidad de hacer análisis objetivos (experimento de Cohen, 2003)

Círculo vicioso que dificulta el diálogo y la convivencia pacífica en las sociedades

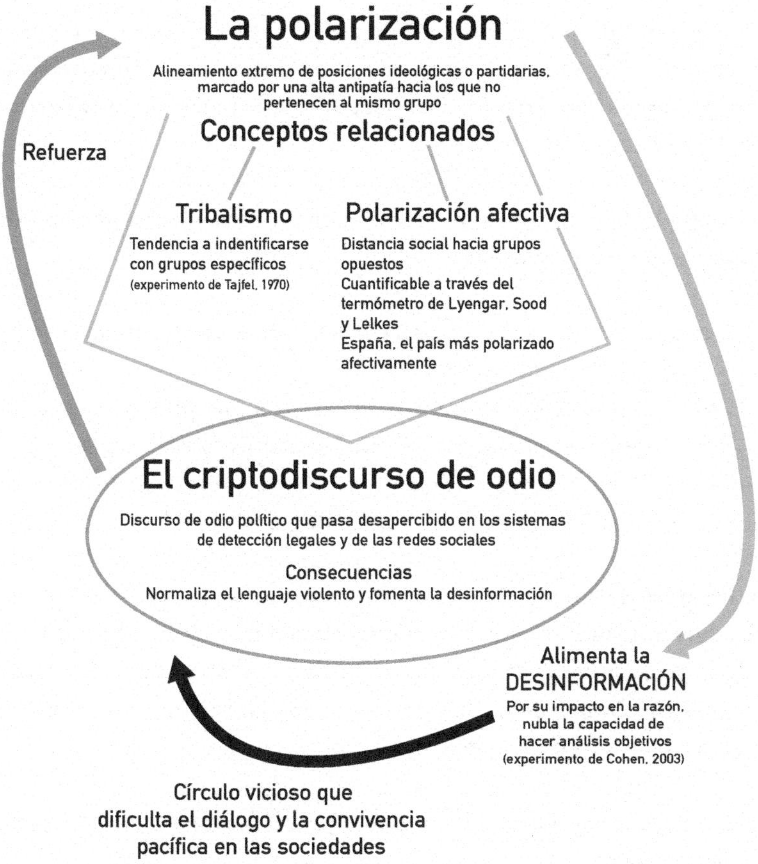

## CASOS PRÁCTICOS

A. Análisis crítico de la polarización en redes sociales.

1. Selección de publicaciones. Busca en redes sociales, como X o Facebook, dos publicaciones que consideres que reflejan claramente la polarización política. Asegúrate de que cada una provenga de diferentes ideologías políticas.

2. Análisis de contenido. Examina cada publicación respondiendo a las siguientes preguntas:

   a) ¿Qué términos o frases en la publicación indican un alto grado de polarización?
   b) ¿La publicación incluye elementos que puedan considerarse criptodiscurso de odio? Justifica tu respuesta.
   c) ¿Cómo crees que esta publicación podría influir en los lectores? ¿Contribuye a la desinformación?

3. Propuesta de solución. Basándote en tu análisis, propón una estrategia que pudiera ayudar a reducir la polarización y el criptodiscurso de odio en las redes sociales. Esta estrategia puede incluir recomendaciones para los usuarios y las plataformas de redes sociales o cambios en la legislación.

4. Entrega. Presenta tus hallazgos en un informe escrito de 500 a 800 palabras.

B. Debate sobre la regulación del criptodiscurso de odio.

1. Formación de grupos. Busca un grupo de debate y divídelo en dos partes. Una de ellas representará el papel de defensores de una regulación más estricta del criptodiscurso de odio en redes sociales, mientras que la otra parte del grupo defenderá la postura contraria, argumentando a favor de la libertad de expresión sin restricciones adicionales.

2. Investigación. Cada grupo debe investigar argumentos que apoyen su postura utilizando ejemplos reales, estudios académicos y leyes actuales para respaldar sus propios argumentos. Además, cada grupo debe preparar posibles respuestas a los contraargumentos que puedan surgir durante el debate.

3. Debate. Organiza un debate formal. Cada grupo tendrá tiempo para presentar su argumento inicial, refutar los argumentos del otro grupo y concluir con un resumen de sus principales puntos.

4. Reflexión. Después del debate, cada integrante debe escribir una reflexión personal de 300 a 500 palabras sobre su experiencia en el debate. Deben considerar si su opinión sobre el tema ha cambiado y por qué.

5. Entrega. Las reflexiones personales deben ser entregadas al final de la sesión o en la siguiente.

## BIBLIOGRAFÍA


Berdón Prieto, P.; Herrero Izquierdo, J. y Reguero Sanz, I. (2023): "Political polarization and politainment: Methodology for analyzing crypto hate speech on TikTok", *Profesional de la información*, vol. 32, nº 6, https://lc.cx/-5Now7.

Boletín Oficial del Estado (1995): "Ley Orgánica 10/1995, de 23 de noviembre, del Código Penal", *BOE* nº 281, 24 de noviembre, https://lc.cx/-DbQ_d.

— (2019): "Circular 7/2019, de 14 de mayo, de la Fiscalía General del Estado sobre pautas para interpretar los delitos de odio tipificados en el artículo 510 del Código Penal", *BOE* nº 124, 24 de mayo, https://lc.cx/57DzXa.

Cohen, G. L. (2003): "Party Over Policy: The Dominating Impact of Group Influence on Political Beliefs", *Journal of Personality and Social Psychology*, vol. 85, nº 5, pp. 808-822, https://lc.cx/iuMMfj.

El País (2023): "Polarización, la palabra del año según FundéuRAE", 27 de diciembre, https://lc.cx/KgAorD.

Freidin, E.; Moro, R. y Silenzi, M. I. (2022): "El estudio de la polarización afectiva: una mirada metodológica", *Revista SAAP*, vol. 16, nº 1, pp. 37-63, https://lc.cx/5G6Kd2.

Gidron, N.; Adams, J. y Horne, W. (2019): "Toward a comparative research agenda on affective polarization in mass publics", *APSA Comparative Politics Newsletter*, nº 29, pp. 30-36.

Iyengar, S.; Sood, G. y Lelkes, Y. (2012): "Affect, not ideology: a social identity perspective on polarization", *Public Opinion Quarterly*, vol. 76, nº 3, pp. 405-431.

Janis, I. L. (1972): *Victims of Groupthink: A psychological study of foreign-policy decisions and fiascoes*, Boston, Houghton Mifflin.

Kahan, D. *et al.* (2017): "Motivated numeracy and enlightened self-government", *Behavioural Public Policy*, nº 1, pp. 54-86, https://lc.cx/yPXnUB.

MIRÓ LLINARES, F. (2016): "Taxonomia de la comunicació violenta i el discurs de l'odi a internet", *IDP. Revista de Internet, Derecho y Política*, nº 22, https://lc.cx/d2Shn7.
RUBIN, M.; PAOLINI, S. y CRISP, R. J. (2010): "A processing fluency explanation of bias against migrants", *Journal of Experimental Social Psychology*, nº 46, pp. 21-28.
SCHULIAQUER, I. y VOMMARO, G. (2020): "La polarización política, los medios y las redes. Coordenadas de una agenda en construcción", *Revista SAAP*, vol. 14, nº 2, pp. 235-247, https://lc.cx/QrlMg-.
TAJFEL, H. (1970): "Experiments in intergroup discrimination", *Scientific American*, nº 223, pp. 96-102.
TERUEL, L. (2018): "Las redes sociales como campo de batalla", *Grand place: pensamiento y cultura*, nº 9, pp. 41-47.
X (2023): "Comportamiento que incita al odio", X Centro de ayuda, https://lc.cx/Ve9lNs.

## OTROS RECURSOS

*La ola* (Dennis Gansel, 2008).
Torcal, M. (2023): *De votantes a hooligans. La polarización política en España*, Madrid, Los Libros de la Catarata.
Mesa redonda Fundación Juan March "Polarización política: ¿cada vez más divididos?", YouTube, https://lc.cx/rHpmGG.

PARTE III

# CÓMO COMBATIR LA DESINFORMACIÓN

CAPÍTULO 6

# LA ALFABETIZACIÓN MEDIÁTICA E INFORMACIONAL (AMI) Y LA METAALFABETIZACIÓN

La alfabetización mediática es la capacidad de acceder, analizar, evaluar, crear y actuar a través de la información que nos llega desde diferentes canales. Según la UNESCO, la AMI (se agrega la característica "informacional": en las páginas sucesivas se explicará su significado) es una dimensión esencial de la educación moral y cívica. Es también un derecho fundamental de todo ciudadano, en cualquier país del mundo, y permite así a cada cual proteger su intimidad y encontrar su lugar en una sociedad cuyo entorno tecnológico cambia cada vez más deprisa.

La alfabetización mediática engloba diferentes significados, atendiendo fundamentalmente a su área de actuación y al desarrollo del propio concepto. En primer lugar, aborda la capacidad que tiene un individuo para utilizar las nuevas tecnologías de la información, en el caso que nos concierne, para luchar contra la desinformación. De esta materia se ocupa la Unión Europea, que en junio de 2024 reforzó de nuevo su "Código de buenas prácticas" en materia de desinformación.

Tal y como señala la Comisión Europea, se está ampliando su estrategia para combatir a la manipulación de la información, con el fin de garantizar que los ciudadanos tengan acceso a contenidos de calidad para poder desempeñar su rol en un sistema democrático. La respuesta a la desinformación se trabaja desde diferentes ámbitos, entre ellos, "reforzar la resiliencia de la sociedad frente a la desinformación". En este sentido, se menciona la verificación de datos (lo trataremos en el capítulo siguiente) y la alfabetización mediática, sobre la cual se señala que "capacita a los ciudadanos para navegar en el entorno actual de noticias digitales y tomar decisiones con conocimiento de causa. Es especialmente importante que aprendamos a reconocer la desinformación desde una edad temprana; así pues, la educación desempeña un papel fundamental para garantizar la alfabetización mediática de las personas".

Estas iniciativas están apoyadas por el Gobierno de España, ya que, como se señala en la web del Ministerio de Asuntos Exteriores, el Ejecutivo se encuentra comprometido en lucha contra la desinformación y trabaja activamente en el marco de la Unión Europea y con especial énfasis desde 2018: "Toda la Administración se encuentra implicada en la lucha contra la desinformación, cada ministerio desde su ámbito de actividad y con especial atención a posibles escenarios de amenaza". Complementariamente a las medidas impulsadas en coordinación con la UE, España lleva a cabo múltiples acciones en materia de lucha contra la desinformación a través de sus instituciones, entre las que destaca la Comisión Permanente de Lucha contra la Desinformación, establecida en marzo de 2019, o el proyecto "(In)fórmate. Pensamiento crítico y alfabetización mediática", iniciativa de Google, FAD y Gobierno de España (Morejón Llamas, 2020), destinada a jóvenes de 3º y 4º de ESO, entre otras.

Precisamente, es en el pensamiento crítico donde se centra un segundo significado de la alfabetización mediática, poniendo el foco más allá del "continente" y centrando la atención en el contenido informativo (Sádaba y Salaverría, 2023). El concepto ha ido evolucionando y algunas investigaciones recientes ponen de relieve que, mientras que una alfabetización digital o mediática no protege al usuario ante la desinformación, una alfabetización informativa —es decir, centrada en las características y principios de la información periodística— resulta mucho más efectiva (Jones-Jang, Mortensen y Jingjing, 2019). En el mundo anglosajón esta tendencia se conoce como *news literacy*; en ella, se subrayan las destrezas vinculadas específicamente los usos críticos de los *mass media* como pilar de los sistemas democráticos. Otra nomenclatura, más completa y arraigada a este significado, es la alfabetización informacional o *information literacy* que se define como

> [...] la capacidad de pensar de forma crítica y emitir opiniones razonadas sobre cualquier información que encontremos y utilicemos. Nos empodera, como ciudadanos y ciudadanas, para alcanzar y expresar puntos de vista informados y comprometernos plenamente con la sociedad. [...] La alfabetización informacional incluye un conjunto de habilidades y capacidades que todas las personas necesitamos para realizar tareas relacionadas con la información: por ejemplo, cómo descubrirla, acceder a ella, interpretarla, analizarla, gestionarla, crearla, comunicarla, almacenarla y compartirla. Pero es mucho más que eso: se refiere a la aplicación de las competencias, las cualidades y la confianza necesarias para utilizar la información de la mejor manera posible e interpretarla de forma juiciosa. Incluye el pensamiento y la conciencia críticos, así como la comprensión de los aspectos tanto éticos como políticos relacionados con el uso de la información. La alfabetización informacional se refiere a la información en todas sus formas: no solo la información impresa, sino también los contenidos digitales, los datos, las imágenes y la palabra hablada. La alfabetización informacional se relaciona y se solapa con otras alfabetizaciones, que incluyen específicamente la alfabetización digital (*digital literacy*), la alfabetización académica (*academic literacy*) y la alfabetización mediática (*media literacy*). No es un concepto independiente y se alía con otras áreas de conocimiento y comprensión (CILIP, 2018).

La alfabetización informacional supone un aprendizaje permanente para toda la ciudadanía. El pensamiento crítico es fundamental para ayudar a eliminar sesgos, prejuicios y saber identificar la desinformación. Esta alfabetización es imprescindible para comprender y asumir el valor de la información y la dignidad de todas las personas para contrarrestar el machismo, el racismo, el capacitismo, la homofobia o la transfobia. Promueve una cultura informacional basada en valores de igualdad desde una aproximación responsable a la información en todos sus ámbitos: consumo, gestión, creación y difusión (Sales, 2023). En esta línea también se encuentra el denominado alfabetismo transmedia, que concibe al usuario de la información como "un sujeto activo que, además de desarrollar competencias interpretativas cada vez más sofisticadas para comprender los nuevos formatos narrativos, de manera creciente, crea nuevos contenidos, los recombina y comparte en las redes digitales" (Scolari, 2016: 9).

Uno de los modelos recientes que abordan la educación en alfabetización informacional es la metaalfabetización (*metaliteracy*) (Jacobson y Mackey, 2016). Este término asume una perspectiva múltiple, integrada (alfabetización informacional, digital, mediática...) y centra el énfasis en la necesidad de fomentar competencias informacionales para aprender a utilizar, producir y compartir información en entornos digitales participativos, de manera crítica, ética y autorreflexiva (Jacobson y Mackey, 2013). El elemento diferencial de esta terminología es la utilización de lo que se denomina metacognición, esto es, llevar a cabo un pensamiento crítico sobre nuestro propio pensamiento, incidiendo en la necesidad de autorreflexionar constantemente sobre nuestros procesos de aprendizaje, tomando conciencia de nuestros propios prejuicios y sesgos en la interacción con la información. Además, destaca la importancia del componente afectivo en el aprendizaje para fomentar la implicación y la motivación, y para prepararnos a afrontar paisajes informacionales complejos y cambiantes (Sales, 2023).

Hay varias propuestas educativas que se ocupan de la alfabetización mediática e informacional. Como ejemplo paradigmático de esta perspectiva, en la Universidad de Valladolid se encuentra el proyecto de innovación docente "Alfabetización mediática contra la desinformación" (PID-ALFA). La iniciativa pretende mejorar la alfabetización de la comunidad universitaria y de la sociedad. Especialmente, se pretende poner el foco en los estudiantes de Periodismo: este proyecto trata de ser un complemento a la docencia que se imparte en los estudios de grado, puesto que este alumnado será el futuro de la profesión y es fundamental para la democracia que realicen piezas rigurosas y de calidad. Con el fin de conseguir este objetivo se ha creado un marco de actuación multidireccional basado en las siguientes acciones: desarrollo de un verificador de noticias, realización de talleres destinados tanto a los estudiantes de Periodismo como a otros colectivos, elaboración de píldoras de aprendizaje para que toda la sociedad tenga la posibilidad de instruirse a través de las herramientas *online* que ofrece la Universidad de Valladolid (UVa), realización de jornadas (con acceso abierto) para debatir desde un punto de vista académico y profesional las cuestiones más candentes que afectan a la temática principal del proyecto y, como novedad durante este año, la técnica del *escape room* aplicada a la docencia universitaria (Reguero Sanz y Berdón Prieto, 2023).

La alfabetización mediática y la informacional, junto con la reflexión que ofrece la metaalfabetización, son, por tanto, asignaturas pendientes para el conjunto de la sociedad. Se hace necesario, como señala Newtral (2019), alertar sobre la cantidad de información errónea, o directamente falsa, que recibimos a diario en nuestras pantallas, pero también que la ciudadanía cuente con un pensamiento crítico adecuado para saber identificar bulos y tenga nociones sobre cómo utilizar apropiadamente las nuevas tecnologías en este sentido. En el próximo capítulo, se explicarán varias recomendaciones y aplicaciones que nos ayudarán a conseguir este propósito.

MAPA CONCEPTUAL
La alfabetización mediática e informacional (AMI) y la metaalfabetización

## Alfabetización mediática e informacional (AMI)

Acceder, analizar, evaluar, crear y actuar sobre la información desde diversos canales

Es esencial para la educación cívica y moral

## Tipos de alfabetización

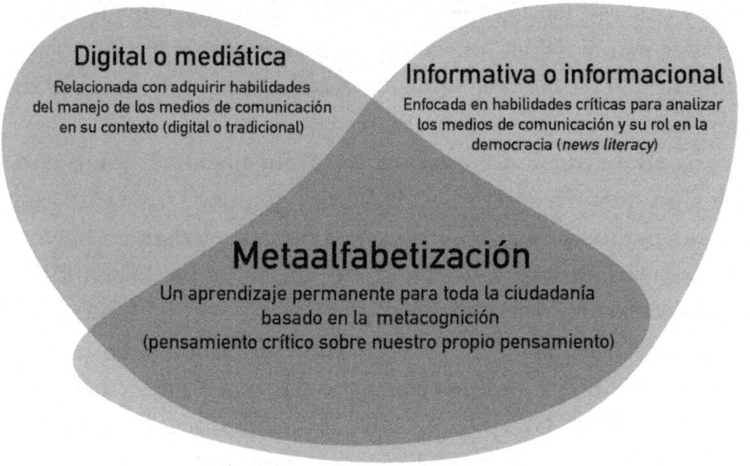

### Digital o mediática

Relacionada con adquirir habilidades del manejo de los medios de comunicación en su contexto (digital o tradicional)

### Informativa o informacional

Enfocada en habilidades críticas para analizar los medios de comunicación y su rol en la democracia (*news literacy*)

### Metaalfabetización

Un aprendizaje permanente para toda la ciudadanía basado en la metacognición (pensamiento crítico sobre nuestro propio pensamiento)

## Proyectos universitarios

Alfabetización mediática contra la desinformación (UVa)

- Talleres
- Píldoras de conocimiento
- Jornadas
- Verificaciones
- *Escape room*

## CASOS PRÁCTICOS

1. En el referéndum de Reino Unido en 2016, conocido como Brexit, hubo varias campañas de desinformación, pero también hubo otros problemas relacionados con la alfabetización. ¿Puedes señalar cuáles fueron a raíz de las búsquedas que hizo la ciudadanía en Google una vez conocido el resultado de la votación? Reflexiona sobre este hecho y acerca de sus consecuencias.

**ILUSTRACIÓN 1**

**BÚSQUEDAS MÁS REALIZADAS EN GOOGLE EN REINO UNIDO TRAS EL BREXIT**

**TOP QUESTIONS ON THE EUROPEAN UNION** Google Trends
in the UK since Brexit result officially announced

1 What does it mean to leave the EU?
2 What is the EU?
3 Which countries are in the EU?
4 What will happen now we've left the EU?
5 How many countries are in the EU?

google.com/trends

Fuente: https://lc.cx/AcTMV3.

1. ¿Qué significa dejar la Unión Europea?
2. ¿Qué es la Unión Europea?
3. ¿Qué países forman la Unión Europea?
4. ¿Qué pasará ahora que hemos salido de la Unión Europea?
5. ¿Cuántos países hay en la Unión Europea?

2. El 97% de los ciudadanos europeos afirman haber estado expuestos a diferentes tipos de bulos: 38% a diario y 32% semanalmente. Además, el 74% considera las redes sociales y a las aplicaciones de mensajería como los canales principales para la localización de bulos (Benedicto Solsona, 2020).

En tu caso, ¿has sido víctima de desinformación? ¿Te has creído alguna información que resultó ser un *fake*? Explica el proceso con tu propio ejemplo:

a) ¿De qué trataba la información engañosa?
b) ¿Quién era el emisor del mensaje?
c) ¿Cuáles eran los elementos falsos?
d) ¿Cómo descubriste que se trataba de desinformación?
e) ¿Qué tipo de alfabetización te faltó para no ser víctima del bulo inicial?

## BIBLIOGRAFÍA


Benedicto Solsona, M. Á. (2020): "El fenómeno de la desinformación en la UE. Herramientas para luchar contra las *fake news*", en M. Román Czubala Ostapiuk (ed.), *La UE en acción: estrategias en la era postcrisis*, Madrid, Universidad Rey Juan Carlos.

CILIP (2018): "Definition of Information Literacy, 2018", traducción de D. Sales (2020), "Definición de alfabetización informacional de CILIP, 2018", *Anales de Documentación*, vol. 23, nº 1, https://lc.cx/iPyQzv.

Jacobson, T. E. y Mackey, T. P. (2013): "Proposing a metaliteracy model to redefine Information Literacy", *Communications in Information Literacy*, vol. 7, nº 2, pp. 84-91, https://lc.cx/MciB2c.

— (eds.) (2016): *Metaliteracy in Practice*, Londres, Facet Publishing.

Jones-Jang, S. M.; Mortensen, T. y Jingjing, L. (2021): "Does Media Literacy Help Identification of Fake News? Information Literacy Helps, but Other Literacies Don't", *American Behavioral Scientist*, vol. 65, nº 2, pp. 371-388, https://lc.cx/OGVIj3.

Morejón-Llamas, N. (2020): "Desinformación y alfabetización mediática desde las instituciones: los decálogos contra las *fake news*", *Revista Internacional de Relaciones Públicas*, vol. 10, nº 20, pp. 111-134, https://lc.cx/TNTTIF.

Reguero Sanz, I. y Berdón Prieto, P. (2023): "La innovación docente: un arma contra la desinformación", en S. Álvarez y R. Pinedo (eds.), *Innovación docente en educación superior: interacción, participación y colaboración*, Valladolid, Universidad de Valladolid.

Sádaba, C. y Salaverría, R. (2023): "Combatir la desinformación con alfabetización mediática: análisis de las tendencias en la Unión Europea", *Revista Latina de Comunicación Social*, nº 81, pp. 17-33, https://lc.cx/nXNrgE.

Sales, D. (2023): *Alfabetización informacional*, Castellón de la Plana, Universitat Jaume I, https://lc.cx/I_2QJ5.

Scolari, C. (2016): "Alfabetismo transmedia: estrategias de aprendizaje informal y competencias mediáticas en la nueva ecología de la comunicación", *Telos: Revista de pensamiento sobre Comunicación, Tecnología y Sociedad*, nº 193, pp. 13-23.


## OTROS RECURSOS

Comisión Europea, https://lc.cx/R4w35G.
Ministerio de Asuntos Exteriores (Gobierno de España), https://lc.cx/jCzG7b.
Newtral, https://lc.cx/Xa_UHC.
Metas y objetivos de aprendizaje de la metaalfabetización, https://metaliteracy.org.
UNESCO, https://lc.cx/JFIofj.

CAPÍTULO 7

# RECOMENDACIONES PARA LUCHAR CONTRA LA DESINFORMACIÓN Y HERRAMIENTAS PARA LA COMPROBACIÓN DE INFORMACIONES

La tecnología digital, junto con las redes sociales, posibilita que el conocimiento y la información, que son la base de la estructuración de poder en una sociedad democrática (Morales, 1998), lleguen a un gran número de usuarios en tan solo unos segundos. Este hecho es indudablemente positivo, pero a su vez tiene una contrapartida: la desinformación cobra protagonismo en esta era comunicativa, pues los bulos se entremezclan con textos informativos y esto hace que la sociedad no se fíe de aquello que lee. Solo el 40% de la ciudadanía afirma confiar sistemáticamente en las noticias, y es que ¿quién puede asegurar que el texto que tengo en mi pantalla es veraz?

Como medida alternativa para combatir la desinformación, los *news media* han enfatizado la estrategia del *fact-checking* (Pérez Curiel, 2024), cuya labor es verificar o desmentir información que circule por el espacio-red. Actualmente, estas plataformas van más allá, ya que aportan consejos para evitar la desinformación, controlan los rumores y educan a la ciudadanía (Ali y Gatiti, 2020). Ejemplo de ello, en el caso español, son las plataformas Maldito Bulo y Newtral. También hay casos donde las instituciones universitarias han promovido este tipo de iniciativas, como el ya mencionado proyecto llevado a cabo por la Universidad de Valladolid. Hay iniciativas que han aglutinado las diferentes verificaciones que se han hecho desde medios de comunicación u otros organismos verificados. Entre estas bibliotecas se encuentra Fact Check Tools, que es iniciativa de Google, donde se pueden hacer búsquedas por palabras clave, y Elections24, que se nutre muy rápidamente y donde cabe la posibilidad de filtrar por partido político.

No obstante, y pese a su pertinencia, ciertos autores han subrayado algunas deficiencias de los *fact-checking:* "Este método no es del todo efectivo, porque los encargados de crear noticias falsas nunca son descubiertos a tiempo, de forma que cuando se intenta erradicar ya ha sido propagado y asimilado como verdadero por algunos consumidores" (Amorós, 2018). Asimismo, prestar atención a este tipo de contenidos hace que se viralice el hecho falso. Por ejemplo, estamos desmintiendo una noticia sobre vacunas y un negacionista lee la verificación y se cree el *fake*, ya que va más acorde con sus propias ideas.

Sea como fuere, la medida más efectiva para identificar y combatir los bulos es formar consumidores de noticias críticos, bien formados e informados (Parra-Valero y Oliveira, 2018). Como se ha tratado en capítulos anteriores, esto se consigue con la llamada alfabetización informacional (Martínez-Sánchez, 2022), que genera un pensamiento crítico en la sociedad. No obstante, se ha demostrado la carencia de estas habilidades en el conjunto de la ciudadanía (Schudson y Zelizer, 2017), por lo que se han creado recomendaciones básicas para luchar contra los bulos, sin olvidar que la formación personal es clave para enfrentar esta problemática.

La Universidad de Burgos (UBU), en su página web, ha compartido un decálogo a considerar al enfrentarnos a una información de dudosa veracidad, inspirado en el informe de buenas prácticas *Desinformación en el espacio*, del Centro Criptológico Nacional (Ministerio de Defensa, Gobierno de España). A continuación, se presentan los 10 puntos básicos, que se han completado con apreciaciones de los investigadores de este material, así como con puntualizaciones de otros autores:

1. Se debe analizar la fuente de las noticias recibidas, sobre todo en los casos en que las informaciones nos indignan o

nos conmueven. El ser humano se mueve por las historias que le provocan emociones y estas le empujan a la acción (Berger, 2016), independientemente de si los relatos son verdaderos o no. Asimismo, si el emisor es un medio de comunicación, hay que valorar su trayectoria y a las personas y empresas que están detrás de su accionariado. Siempre es positivo comprobar si la página dispone de algún apartado tipo "Quiénes somos" o "Sobre nosotros", en el que podamos obtener información sobre el portal web (Newtral, 2019).

2. Es recomendable mostrar una dosis de duda o escepticismo cuando se trate de pantallazos que recibimos por redes sociales. Hay muchos *softwares* capaces de retocar documentos (al final del capítulo veremos programas que nos permiten conocer si una fotografía es verdadera) y, además, se sacan imágenes fuera de contexto, disociando la toma real con el titular. Hay que tener en cuenta que hay técnicas muy sofisticadas para crear desinformación como el *deepfake* (se explicará en el capítulo siguiente), donde se usa inteligencia artificial y permite sustituir el rostro de una persona por otro, a modo de máscara digital, o su voz (Salazar, 2021). Por tanto, también hay que cuestionar lo que perciben nuestros sentidos.
3. ¿Quién ha compartido la noticia y en qué contexto? No se debe dar credibilidad a los mensajes publicados por perfiles anónimos. Asimismo, aunque la noticia nos la haya hecho llegar un amigo o un familiar, y aunque la información nos "convenga", cabe preguntarse qué fecha tiene la información (a veces se publican noticias pasadas para crear crispación), quién es la fuente y qué medios lo han difundido. También, en el caso de las redes sociales, hay que fijarse muy bien en el perfil: los promotores de la desinformación pueden plagiar la cabecera o el nombre de usuario de medios de comunicación. Hay que ser conscientes, asimismo, de que hay cuentas "parodia" de medios (*El Mundo Today*) y de determinados personajes públicos, que no se deben confundir con sus perfiles oficiales.

4. Cada vez con mayor frecuencia, están surgiendo en las redes cuentas con perfiles falsos, que en realidad están manejadas por bots o terceras personas con objetivos fraudulentos (Murthy *et al.*, 2016). Por ello, antes de confiar en el contenido publicado por una cuenta anónima, analiza a cuántas personas sigue, cuántos usuarios la siguen, si genera contenido propio, si hace un uso continuado de la red social, etc. Las piezas de desinformación pueden estar mal redactadas y tener fotografías e imágenes de mala calidad (Aparici, García-Marín y Rincón-Manzano, 2019), que solo incitan al *clickbait*. Asimismo, ciertos bulos provienen de portales web que se hacen pasar por medios de comunicación fiables, utilizando URL muy parecidas a las de estos (Álvarez Calvo, 2020).
5. No hay que ser parte del algoritmo: como ya hemos señalado, las plataformas digitales se basan en nuestras búsquedas (gustos, aficiones u opiniones) para darnos información cercana a nuestro agrado. Si queremos desarrollar una opinión bien formada, crítica y contrastada, es recomendable obtener fuentes de información alternativas a aquellas que, por defecto, nos muestran los algoritmos de las plataformas de comunicación.
6. Es preciso leer la información completa, pues los casos de desinformación más exitosos se sustentan en medias verdades, al ser más difíciles de identificar. En ocasiones, los promotores utilizan fotografías y datos verdaderos que, presentados de manera sugerente en un titular y acompañados de una imagen, pueden dar lugar a interpretaciones sesgadas y erróneas. Asimismo, la desinformación suele tender al sensacionalismo, con titulares llamativos (grandes, en mayúsculas, en color, etc.). Es importante no compartir si únicamente se ha leído el encabezado: a menudo los *fakes* se viralizan solo porque el titular despierta la atención del lector y moviliza sus emociones, como el miedo o la indignación (Bakir y McStay, 2018).

7. Hay que mantenerse alerta con los contenidos patrocinados de origen desconocido: las plataformas digitales obtienen ingresos económicos a cambio de que los usuarios publiquen contenido destacado en el perfil de una audiencia determinada. Debemos cuestionar la información difundida por blogueros, *youtubers* e *influencers* en redes sociales, ya que frecuentemente están patrocinados por determinadas marcas y persiguen intereses comerciales (Llorca, 2017). A su vez, es preciso desconfiar de todo contenido político (o polémico) que aparezca patrocinado por perfiles anónimos o no identificados con asociaciones, partidos políticos o instituciones reales.
8. Se debe analizar el rol de las "estrellas invitadas": con frecuencia se producen casos en los que relevantes agentes políticos, sociales o culturales se involucran de manera activa en discusiones de diversa índole. En todo caso, hay que considerar que algunos de estos actores influyentes participan en determinadas discusiones para aumentar su beneficio empresarial y promocionar su aparición en determinadas agendas.
9. En la era de la posverdad, es más necesario que nunca usar nuestro pensamiento crítico: determinados usuarios utilizan la comunicación digital para enfrentar a la opinión pública y movilizar el descontento de sus ciudadanos en cuestiones polémicas. Participar en los debates políticos o sociales enriquece la democracia y la pluralidad política, pero se debe hacer desde la racionalidad y el respeto, evitando generar espirales de odio que, en ocasiones, pueden estar promovidas por agentes o grupos encubiertos.
10. Tú puedes parar un conflicto: las acciones de desinformación contemporáneas están basadas en la rapidez y la viralidad con la que se extienden las noticias, los rumores y los comentarios. Todos somos eslabones de dichas campañas. Por ello, es importante ser conscientes de que podemos ser utilizados como peones de estrategias patrocinadas y gestionadas por agentes desconocidos con intereses no

declarados. Por eso, es importante estar siempre alerta de los contenidos informativos y no compartir informaciones no contrastadas o de dudosa procedencia (Gragnani, 2018). Si dudas sobre si una información es verdadera o no, siempre puedes preguntar a un experto.

A estas recomendaciones hay que añadir algunos programas que pueden ayudar a desenmascarar bulos, como aquellos que logran verificar las imágenes que aparecen en el espacio web (Cea-Esteruelas, 2018). Para descubrir si una fotografía es real, lo más importante es la observación; si tras ello no estamos seguros de si la imagen es real, podemos recurrir a la búsqueda inversa de fotografías en Google. El usuario debe hacer clic en *search by image*, introducir la URL o cargar la imagen que desea someter a búsqueda y Google Imágenes presentará todos los sitios web en los cuales ha sido publicada. Para revisar si una imagen fue modificada se puede utilizar FotoForensics y TinEye. Ambas comparan la foto falsa con la original, para que queden patentes las modificaciones que se hicieron *a posteriori*.

Los vídeos también son objeto de desinformación y se hace precisa su verificación. El InVID Verification Plugin, además de imágenes, se analizan diferentes tipos de vídeos con el mismo procedimiento: se carga o se pega la URL. Si se quiere obtener información sobre los vídeos almacenados en YouTube (qué usuario lo ha subido, en qué fecha, etc.), se debe utilizar la herramienta: YouTube Data Viewer.

Otro grupo de herramientas pretende confirmar los orígenes de determinados escritos. Contra los bulos construidos a partir del lenguaje escrito, se han creado extensiones para los navegadores y verificadores de contenido. Entre ellos Duplichecker: permite copiar la web de una publicación o cargar un archivo completo y luego el texto en diferentes buscadores. Plagiarisma también es un detector de plagios: el usuario se registra y pega un texto determinado, aunque permite también verificar una URL o cargar archivos. Igualmente, busca y coteja artículos, patentes, opiniones legales y revistas en Google Scholar, así como libros registrados en Google.

Asimismo, la plataforma Mapchecking ayuda a calcular cuántas personas pueden asistir a una manifestación, dependiendo de la extensión del lugar en el que se haya celebrado la concentración. Se debe indicar la densidad media de personas y seleccionar el lugar que abarcó esa convocatoria. La herramienta arroja el dato del número de personas que pueden caber dentro del área delimitada. Botometer es una plataforma que ayuda a la detección de perfiles falsos en la red social X, muy utilizados para difundir desinformación. Su funcionamiento es muy sencillo: se introduce el nombre de usuario de la cuenta y la aplicación puntúa, del 0 al 5, el nivel de bot que tiene dicho perfil.

En conclusión, lo fundamental es que la ciudadanía esté correctamente informada. Si se quiere estar al día de lo que sucede en el mundo, se puede hacer uso de las plataformas que aglutinan las principales tendencias. Por ejemplo, Google Trends pone un altavoz en lo que se está buscando en Google sin sesgos ni perspectiva. Asimismo, hay otras herramientas para conocer cuál está siendo la conversación de los usuarios en las principales redes sociales (no hay que olvidar que a través de estas se informa buena parte de la sociedad): TrendTok es una aplicación impulsada por inteligencia artificial que permite a los usuarios descubrir las últimas tendencias en TikTok y Trends24.in es una web que se utiliza para analizar el debate que se genera en X. En esta plataforma se aprecian los *trending topic* en las diferentes ciudades del mundo, lo cual es interesante cuando hay un acontecimiento local.

## MAPA CONCEPTUAL
Recomendaciones para luchar contra la desinformación y herramientas para la comprobación de informaciones

### Un desafío actual

**La rápida propagación de bulos a través de las redes sociales. Es esencial para la educación cívica y moral**

### Decálogo para identificar desinformación

1. Analizar la fuente
2. Dudar de "pantallazos"
3. Contexto del mensaje
4. Identificar perfiles falsos
5. No dejarnos llevar por el algoritmo
6. Leer completamente
7. Cuidado con el contenido patrocinado
8. Analizar el rol de las "estrellas invitadas"
9. Pensamiento crítico
10. No viralizar rumores

Claves para luchar contra la desinformación

### Herramientas para la verificación

#### Imágenes
- Google Imágenes
- FotoForensics/TinEye

#### Vídeos
- InVID
- YouTube Data Viewer

#### Textos
- Duplichecker
- Plagiarisma

#### Otros
- Mapchecking
- Botometer

#### Tendencias
- Google Trends
- TrendTok/Trends24

## CASOS PRÁCTICOS

1. Verifica las siguientes fotografías con alguna de las herramientas que se han explicado en la parte teórica y señala qué parte de la imagen está trucada (si procede). ¿Qué se pretende conseguir por parte de las plataformas de desinformación en los diferentes casos?

ILUSTRACIÓN 1

**MONTAJE SOBRE EL PROCÉS**

Fuente: https://lc.cx/mY03Bj.

ILUSTRACIÓN 2

**PRÍNCIPE WILLIAM ¿SACANDO UNA 'PEINETA'?**

Fuente: https://lc.cx/_hY2vj.

ILUSTRACIÓN 3

VESTIMENTA 'REPUBLICANA' EN LA CASA REAL

2. Responde a las siguientes preguntas:

a) Utilizando la plataforma Mapchecking, ¿cuántas personas caben en la plaza Mayor de Valladolid? No es necesario modificar el rango que ofrece la propia herramienta (1,50 personas por $m^2$).
b) Del 0 al 5, teniendo en cuenta el rango de Botometer, ¿cómo de *fake* es el usuario @sanchezcasrejon en X?
c) Señala tres de las tendencias que encuentres en Google Trends en España. Especifica cuál ha sido la fecha en la que has realizado la búsqueda.

## BIBLIOGRAFÍA


Ali, M. Y. y Gatiti, P. (2020): "The COVID-19 (coronavirus) pandemic: Reflections on the roles of librarians and information professionals", *Health Information & Libraries Journal*, vol. 37, nº 2, pp. 158-162, https://lc.cx/X-JsLT.

Álvarez Calvo, P. (2020): "'Fake news', la otra pandemia que arrasa el planeta", *Cinco Días*, https://lc.cx/EOkksa.

Amorós, M. (2018): *Fake news, la verdad de las noticias falsas*, Barcelona, Plataforma Editorial.

Aparici, R.; García-Marín, D. y Rincón-Manzano, L. (2019): "Noticias falsas, bulos y *trending topics*. Anatomía y estrategias de la desinformación en el conflicto catalán", *El profesional de la información*, vol. 28, nº 3, https://lc.cx/pYpm4E.

Bakir, V. y McStay, A. (2018): "Fake News and the Economy of Emotions: Problems, causes, solutions, *Digital Journalism*, vol. 6, nº 2, pp. 154-175, https://lc.cx/YvTd-2.

Berger, J. (2016): *Contagious: Why things catch on*, Nueva York, Simon & Schuster.

Cea-Esteruelas, N. (2018): "La fotografía periodística y los *social media*: la jornada del 1 de octubre en Cataluña", *Miguel Hernández Communication Journal*, vol. 2, nº 9, pp. 359-377, https://lc.cx/tJ7AdB.

Gragnani, J. (2018): "Guía básica para identificar noticias falsas (antes de mandarlas a tus grupos de WhatsApp)", BBC, https://lc.cx/x8AQYN.

Llorca, A. A. (2017): "¿Verdad o ficción? Esta guía para identificar noticias falsas te ayudará a saberlo", Nobbot, https://lc.cx/pJ-n-5.

Martínez-Sánchez, J. A. (2022): "Prevención de la difusión de *fake news* y bulos durante la pandemia de COVID-19 en España. De la penalización al impulso de la alfabetización informacional", *Revista de Ciencias de la Comunicación e Información*, nº 27, pp. 15-32, https://lc.cx/IvJgzO.

Morales, S. (1998): "Democratizar la información es democratizar el poder y apostar al desarrollo", *Revista Latina de Comunicación Social*, nº 6.

Murthy, D *et al.* (2016): "Bots and political influence: A sociotechnical investigation of social network capital", *International Journal of Communication*, nº 10, pp. 4952-4971.

Newtral (2019): "Ocho claves para detectar noticias falsas", https://lc.cx/oEUIzV.

Parra-Valero, P. y Oliveira, L. (2018): "*Fake news*: una revisión sistemática de la literatura", *Observatorio (OBS*)*, nº especial, pp. 54-78, https://lc.cx/u-w1D4.

Pérez-Curiel, C. (2024): "Combatiendo la desinformación desde la Universidad. Talleres de *fact-checking* en asignaturas de Periodismo", *Infonomy*, vol. 2, nº 1, https://lc.cx/GEQUAX.

Salazar, I. (2021): "Luces y sombras del *deepfake* y la manipulación de imágenes a través de la IA: cuando ver ya no es suficiente para creer", *Telos: Cuadernos de comunicación e innovación*, nº 117, pp. 18-21.

Schudson, M. y Zelizer, B. (2017): *Fake news in context. Understanding and addressing the disinformation ecosystem*, Los Ángeles, Annenberg School of Communication.

## OTROS RECURSOS

Búsqueda inversa de imágenes de Google, https://lc.cx/PsnZMF.

Dupli Checker, https://lc.cx/S5qczE.

Elections24, https://lc.cx/jTnAmg.

Google Fact Check Tools, https://lc.cx/oy1Moi.

FotoForensics, https://lc.cx/zRc64m.

Google Trends, https://lc.cx/sD8PRW.

InVID, https://lc.cx/RaUB3P,

Plagiarisma, https://lc.cx/y1wNxt.

TinEye, https://lc.cx/dWTAm6.

Trends24, https://lc.cx/cD11os.

Verificador Maldito Bulo, https://lc.cx/5RPJyR.

Verificador Newtral, https://lc.cx/FJWzoh.

Verificador Proyecto de innovación docente: "Alfabetización mediática contra la desinformación", https://lc.cx/n3-ZHo.

YouTube Data Viewer, https://lc.cx/8CWok7.

CAPÍTULO 8

# LA INTELIGENCIA ARTIFICIAL (IA): ¿AMENAZA U OPORTUNIDAD?

En la década presente, la inteligencia artificial (IA) se ha asentado en el día a día de nuestra sociedad. Ha quedado atrás, por tanto, la concepción futurista que existía de esta tecnología. A lo largo del siglo XX, la IA aparecía en películas de ciencia ficción como *2001: Una odisea en el espacio* (Stanley Kubrick, 1968), *Terminator* (James Cameron, 1984) o *Matrix* (Lana y Lilly Wachowski, 1999), entre muchas otras. En la mayoría de estos filmes, se presenta la IA como una amenaza a la civilización y al modo de vida "humano". Y es que, como se verá a continuación, la inteligencia artificial supone un salto tecnológico a la altura del descubrimiento del fuego (Murcia Plaza, 2019) y, por tanto, las incertidumbres son muy grandes, también en el campo de la información y de la comunicación.

En primer lugar, merece la pena hacer un breve repaso del desarrollo de la IA desde una perspectiva más tangible, es decir, alejado de las hipérboles de la gran pantalla. El hito considerado como el momento fundacional de este campo de estudio puede establecerse en la ciudad de Hanover (New Hampshire), concretamente en el Darmouth College, en 1956. Allí, John McCarthy, Marvin Minsky, Claude Shannon y Nathaniel Rochester invitaron a varios expertos en computación para formalizar el concepto de inteligencia artificial como una nueva disciplina. De esa conferencia se extrajo la hipótesis de que el pensamiento es una forma de computación no exclusiva de los seres humanos o seres biológicos (Moor, 2006).

Esta idea se concretó un poco más, lanzando el reto de que era posible replicar o simular el sistema de toma de decisiones de las personas en máquinas digitales. A partir de ese momento, la investigación en IA se dividió en dos paradigmas: la IA "simbólica" y la IA "conexionista". La primera de ellas, desde un planteamiento heurístico, estudia la resolución de problemas a través de elecciones que pueden ser organizadas en árboles de decisiones. Un ejemplo de los avances de esta escuela de pensamiento son los sistemas de apoyo en el diagnóstico médico. El acontecimiento más mediático se produjo en 1997, cuando la máquina Deep Blue de IBM venció al campeón mundial de ajedrez, Garry Kaspárov (Hsu, 2020). El otro paradigma se basó en entender y replicar la biología del cerebro compuesto por redes neuronales biológicas. En este caso, el mayor éxito fue la creación del algoritmo de retropropagación, en 1986, que logró encontrar parámetros que mostraban cómo una red neuronal de múltiples capas aprendía a partir de datos (Rumelhart, Hinton y Williams, 1986).

Estos experimentos tienen un carácter teórico debido a que el desarrollo tecnológico no había permitido que se plasmaran en hechos concretos. Hubo que esperar hasta 2010 para que los avances en *hardware* y *software* permitieran una aceleración en el entrenamiento y rendimiento de las redes neuronales. Además, a partir de esa década, se empezó a contar con grandes bases de datos abiertos que permitieran impulsar la IA, ya que se pudieron entrenar las redes neuronales creadas a partir de grandes cantidades de datos. Es lo que se conoce como el aprendizaje profundo o *deep learning*. Comenzaron a emplearse en este momento aplicaciones de reconocimiento facial, herramientas de traducción simultánea de idiomas o asistentes virtuales como Siri o Alexa. Las aplicaciones de esta tecnología en el uso diario son la base de la IA, ya que logran demostrar la hipótesis que se lanzó en 1956.

Pero la gran revolución de la que hablaba Fuencisla Clemares en Murcia en el año 2019 no se limitaba a esto; el salto de la IA está fundamentado en el concepto del aprendizaje automático o *machine learning*, ya que permite que los algoritmos se entrenen continuamente a medida que están expuestos a más datos (Arsuaga, 2022). Esta perspectiva plantea esta tecnología como un campo sin límites conocidos. Alastruey (2021) y otros investigadores hablan de que las aplicaciones con las que hoy en día contamos: Chat GPT o Adobe Firefly, entre muchas otras, estarían englobadas dentro de lo que se conoce como IA débil, un primer estadio en el que se simula un proceso cognitivo, pero que no puede concebirse como tal, ya que están restringidas a tareas concretas. En el futuro próximo se plantearán máquinas dotadas de todas las capacidades mentales de los seres humanos. Esta etapa está denominada la IA fuerte.

Aplicando estas nuevas tecnologías al mundo de la comunicación de masas, surgen muchas dudas y existe un temor real del impacto que pueda tener en las democracias por las posibilidades que otorga a los desinformadores. Myriam Redondo (2018) resume a la perfección en esta cita este pensamiento: "En el pasado, la falsedad todavía podría reconocerse a cámara lenta. Sin embargo, será difícil para el ojo humano reconocer un algoritmo que convierte una escena de verano en una del invierno más total o distinguir que en un vídeo de Barack Obama en realidad el audio y el movimiento de la boca se han añadido posteriormente".

Este caso en concreto es un ejemplo de *deepfake* o vídeo ultrafalso, es decir, contenidos audiovisuales que no son reales, pero que lo parecen gracias a una manipulación externa, en esta situación, a través de *softwares* basados en la tecnología IA (Fundéu, 2023). El peligro de este contenido es indudable y es que ya no podemos afirmar eso de que "necesito ver para creer". La IA plantea, por tanto, un nuevo paradigma en el mundo de la información. Así, ya no se podrá valorar a través de las capacidades humanas innatas si una información que se recibe es real o no (Salazar, 2021). La labor de verificación personal pronto quedará al albur de tecnologías auxiliares.

Desde las autoridades europeas han intentado poner un cerco a esta cuestión y ayudar a la identificación de este tipo de imágenes. En el Reglamento (UE) sobre la IA, se establecen una serie de medidas dependiendo del nivel de riesgo para la sociedad: riesgo inaceptable, alto riesgo, riesgo limitado o riesgo mínimo/nulo. Respecto al vídeo mencionado más arriba, la Unión Europea catalogaría esta manipulación de imágenes como de "riesgo limitado", lo que supone que los sistemas de IA tendrán una responsabilidad con la transparencia dejando claro que ese contenido está manipulado (Comisión Europea, 2021). Desde Meta han implementado esta perspectiva en sus publicaciones en Facebook e Instagram, por lo que cualquier vídeo ultrafalso deberá llevar la etiqueta "Información de la IA" (Meta, 2024). También existen otras alternativas como Microsoft Video Authenticator para identificar este tipo de manipulación (Microsoft, 2020).

Pero además del problema de estos vídeos, la IA puede ser utilizada de forma negativa en la producción informativa e incrementar los problemas de la desinformación que se han tratado a lo largo de los capítulos anteriores. En este sentido, es muy importante tener en cuenta el sesgo de IA o de *machine learning*.

Cuando se usan tecnologías de IA generativas para informarse, por ejemplo, Chat GPT, queremos obtener resultados concretos a dudas planteadas a través de *prompts*: el programa reportará soluciones basadas en los contenidos que se encuentran en línea (Holdsworth, 2023). Sin embargo, estas fuentes están afectadas a su vez por sesgos de tipo humano, como los que se vieron en el capítulo 4, que la IA replicará continuamente y que, por tanto, incrementarán su efecto. Debemos englobar este tipo de contenido sesgado dentro del desorden informativo de la *malinformation*, o información manipulada, es decir, contenidos que no necesariamente son falsos pero que no están contextualizados correctamente o no han sido verificados siguiendo criterios éticos o profesionales.

Esta utilización de la IA ya ha generado un tipo de discriminación tipificada: la discriminación "algorítmica", cuya consecuencia principal es la amplificación de los prejuicios, sobre todo hacia los inmigrantes o a las clases sociales más desfavorecidas por distintos motivos. Este tipo de segregación puede conducir a la exclusión social, la marginación y la perpetuación de estereotipos negativos (Iturmendi, 2023).

Además de estos ejemplos anteriores, la IA puede afectar al rigor de la información en general. Otros campos en los que puede afectar pueden ser la veracidad de los contenidos, la ética, la transparencia en el uso de datos o la intromisión en la vida privada (Hansen *et al.*, 2017; Brundage *et al.*, 2018; Pihlajarinne y Alén-Savikko, 2022).

Sin embargo, no todas las aplicaciones de la IA en el campo de la información suponen un retroceso para el mundo del periodismo. Su desarrollo ha favorecido que aparezcan nuevas herramientas para combatir la desinformación e incluso han ayudado a que las organizaciones de *fact-checking* desarrollen la profundidad de sus verificaciones (Zhuk *et al.*, 2018; Peña-Fernández, Peña-Alonso y Eizmendi-Iraola, 2023). También han modificado el día a día del trabajo en las redacciones. Los periodistas pueden estar liberados de tareas más rutinarias y centrarse en aspectos diferenciales como el pensamiento crítico, la curiosidad o el escepticismo (Guzmán y Lewis, 2020).

El propio Ejército español, en su labor de defensa, ha implementado el *software* de IA Storyzy para luchar contra la desinformación —que como ya se expuso en el capítulo 3 es la mayor amenaza para la seguridad nacional—. Este programa, que opera en 45 lenguas diferentes, rastrea las campañas de bulos en numerosos países a través de fuentes de información indexadas que llegan hasta un número de más de 42.000 (Bonelli, 2024).

Como se puede observar, la relación de la IA con la desinformación es ambivalente cuando menos. Moreno, Abdulsalam y Figuereo-Benítez (2024) concluyeron en un estudio publicado en *Doxa* que analiza las principales herramientas de lucha contra la desinformación a través de la IA que "estos métodos no identificarán toda la información falsa en las redes sociales" y que es "difícil y un gran reto desarrollar nuevos sistemas de inteligencia" que puedan abarcar esta tarea. Otros investigadores han dado un paso más, explicando que para que las herramientas de IA sean útiles en el avance de la lucha contra la desinformación, deben ser más transparentes y enfocadas directamente a esa labor (Montoro-Montarroso *et al.*, 2023). Es interesante también conocer la opinión de los propios periodistas, que consideran que el principal peligro de la IA para la profesión es su impacto en el desarrollo, la difusión y el "perfeccionamiento" de los desórdenes informativos (Peña-Fernández, Peña-Alonso y Eizmendi-Iraola, 2023).

En conclusión, la IA, que en el pasado era vista como una amenaza en la ciencia ficción, se ha convertido en una tecnología que plantea tanto oportunidades como riesgos. La IA presenta desafíos en el campo de la comunicación, como la creación de *deepfakes* y la posibilidad de desinformación masiva, lo que pone en peligro la credibilidad de la información. Las autoridades europeas han intentado regular estos riesgos, clasificando los usos de la IA. A pesar de ello, la inteligencia artificial también ofrece herramientas valiosas para combatir la desinformación, mejorando la verificación de hechos y liberando a los periodistas de tareas rutinarias. Por tanto, la IA es una tecnología que será esencial en el mundo de la información en los próximos años. Todo dependerá del objetivo con el que se utilice.

## MAPA CONCEPTUAL
La IA: ¿amenaza u oportunidad?

**Origen de la IA**
Fundada como disciplina en 1956 (Dartmouth, New Hampshire)

**Paradigmas**

**IA simbólica**
Árboles de decisiones

**IA conexionista**
Redes neuronales

**Desarrollo eminentemente teórico**

**A partir del siglo XXI**

Avances en *hardware* y *software*

Grandes bases de datos *(deep learning)*

(Siri, Alexa, reconocimiento facial, Chat GPT)

**IA débil**
Simulación cognitiva/tareas concretas

**IA fuerte (futuro próximo)**
Máquinas con las mismas capacidades mentales que los humanos

---

**IA y desinformación**
Una tecnología ambivalente

**Amenazas**
*Deepfakes*
Sesgo de IA
(discriminación algorítmica)

?

**Oportunidades**
Mejores herramientas
Apoyo en las redacciones

## CASOS PRÁCTICOS

A. Análisis crítico de *deepfakes* y desinformación.

1. Selección de material. Trabajando en grupo, recopila un conjunto de vídeos que incluyan *deepfakes* y vídeos genuinos.

2. Identificación. Entre todos identificad qué vídeos podrían ser *deepfakes* y explicad las razones de vuestra elección.

3. Análisis. Una vez identificados, analizad el impacto potencial que un *deepfake* podría tener si se usara para difundir desinformación en un contexto específico (por ejemplo, en elecciones políticas, campañas de salud pública, etc.).

4. Discusión. Organiza una discusión grupal sobre los desafíos que presenta la IA en la verificación de la información y cómo la sociedad puede enfrentarlos.

B. Desarrollo de un sistema de *fact-checking* automatizado.

1. Investigación. Dividid el grupo en dos partes, donde cada una investigará las herramientas de *fact-checking* existentes que utilizan IA, como Microsoft Video Authenticator.

2. Propuesta de Mejora. Cada grupo debe identificar una debilidad en las herramientas de *fact-checking* actuales y proponer una mejora o una nueva característica que podría implementarse utilizando IA.

3. Desarrollo de un prototipo conceptual. Cada integrante del grupo deberá desarrollar un prototipo conceptual (diagramas, flujo de trabajo, etc.) de su herramienta mejorada, describiendo cómo funcionaría y cómo abordaría los problemas actuales de desinformación.

4. Presentación. Cada grupo presenta su propuesta al resto de integrantes, explicando cómo su sistema podría mejorar la precisión y la eficacia en la lucha contra la desinformación.

## BIBLIOGRAFÍA


Abeliuk, A. y Gutiérrez, C. (2021): "Historia y evolución de la inteligencia artificial", *Revista Bits de Ciencia*, nº 21, pp. 14-21.

Alastruey, C. F. (2021): "Estado de la cuestión de la inteligencia artificial y los sistemas de aprendizaje autónomo", *Sociología y Tecnociencia*, nº 11, pp. 182-195, https://lc.cx/fBpHTm.

Arsuaga, M. A. (2022): "Inteligencia artificial para la generación de gráficos en videojuegos", *Bit. La revista profesional sobre tecnología y transformación digital*, nº 223, pp. 22-25.

Bonelli, F. (2024): "Storyzy. Inteligencia artificial para combatir la desinformación actual", *Ejército de Tierra español*, nº 988, pp. 82-85.

Brundage, M. *et al*. (2018): *The Malicious Use of Artificial Intelligence: Forecasting, Prevention, and Mitigation*, Cambridge, Universidad de Cambridge, https://lc.cx/on-x5-.

Comisión Europea (2021): "Una Europa adaptada a la era digital: la Comisión propone nuevas normas y medidas para favorecer la excelencia y la confianza en la inteligencia artificial", Web oficial de la Unión Europea, https://lc.cx/XkpoHJ.

Fundéu (2023): "Ultrafalso, alternativa a *deepfake*", FundéuRAE, https://lc.cx/q7e1Kh.

Guzmán A. L. y Lewis S. C. (2020): "Artificial intelligence and communication: A human-machine communication research agenda", *New Media & Society*, vol. 22, nº 1.

Hansen, M. *et al*. (2017): "Artificial Intelligence: Practice and Implications for Journalism", *Columbia Journalism School*.

Holdsworth, J. (2023): "¿Qué es el sesgo de la IA?", IBM, https://lc.cx/FcEkp4.

Hsu, H. (2020): "AI and Play, part 1: How Games Have Driven two Schools of AI Research", *Computer History Museum*, https://lc.cx/Dw6YZO.

Iturmendi, J.M. (2023): "La discriminación algorítmica y su impacto en la dignidad de la persona y los derechos humanos. Especial referencia a los inmigrantes", *Deusto Journal of Human Rights*, nº 12, pp. 257-Ð284.

Meta (2024): "Cómo se identifica y etiqueta el contenido generado por IA en Meta", https://lc.cx/ps8Sn9.

Microsoft (2020): "New Steps to Combat Disinformation", https://lc.cx/SoePPR.

Montoro-Montarroso, A. *et al*. (2023): "Fighting disinformation with artificial intelligence: fundamentals, advances and challenges", *Profesional de la información*, vol. 32, nº 3.

Moor, J. (2006): "The Dartmouth College Artificial Intelligence Conference: The Next Fifty Years", *AI Magazine*, vol. 27, nº 4.

Moreno, P.; Abdulsalam, R. A. y Figuereo-Benítez, J. C. (2024): "El big data y la inteligencia artificial como soluciones a la desinformación", *Doxa Comunicación*, nº 38, pp. 437-451.

Murcia Plaza (30 octubre 2019): "Fuencisla Clemares (Google): 'La IA va a ser comparable al descubrimiento del fuego'", https://lc.cx/Gxj_OI.

Peña-Fernández, S.; Peña-Alonso, U. y Eizmendi-Iraola, M. (2023): "El discurso de los periodistas sobre el impacto de la inteligencia artificial generativa en la desinformación", *Estudios sobre el Mensaje Periodístico*, vol. 29, nº 4, pp. 833-841.

Pihlajarinne, T. y Alén-Savikko, A. (2022): *Artificial Intelligence and the Media. Reconsidering Rights and Responsibilities*, Cheltenham, Edward Elgar Publishing.

Redondo, M. (2018): *Verificación digital para periodistas. Manual contra bulos y desinformación internacional*, Barcelona, Universitat Oberta de Catalunya.

Rumelhart, D. E.; Hinton, G. E. y Williams, R. J. (1986): "Learning Representations by Back-Propagating Errors", *Nature*, nº 323, pp. 533-536.

Salazar, I. (2021): "Luces y sombras del *deepfake* y la manipulación de imágenes a través de la IA: cuando ver ya no es suficiente para creer", *Telos: Cuadernos de comunicación e innovación*, nº 117, pp. 18-21.

Zhuk, D. *et al.* (2018): "Methods to Identify Fake News in Social Media Using Artificial Intelligence Technologies", en D. Alexandrov *et al.* (eds.), *Digital Transformation and Global Society. DTGS 2018. Communications in Computer and Information Science*, Nueva York, Springer.

## OTROS RECURSOS

### Filmografía sobre distintos dilemas relacionados con la inteligencia artificial

*Blade Runner* (Ridley Scott, 1982).
*El hombre bicentenario* (Chris Columbus, 1999).
*Ex Machina* (Alex Garland, 2014).
*Ghost in the Shell* (Mamoru Oshii, 1995).
*Her* (Spike Jonze, 2013).
*Inteligencia artificial* (Steven Spielberg, 2001).
*Metrópolis* (Fritz Lang, 1927).
*The Creator* (Gareth Edwards, 2023).
*Westworld* (Michael Crichton, 1973).